Martin Uitz

Genußradeln im Salzburger Land

Steiger-Radführer

Martin Uitz

Genußradeln im Salzburger Land

45 Farbabbildungen,
30 Tourenkarten
und eine Übersichtskarte

STEIGER VERLAG

Der Autor:
Dr. Martin Uitz ist seit 1986 Geschäftsführer der Salzburger Land Tourismus Gesellschaft und nebenbei Autor zahlreicher Radwanderführer. Er ist »Erfinder« des Tauernradwegs, mit dessen Eröffnung 1992 der Fahrradboom im Salzburger Land begann. Mit seiner radbegeisterten Familie ist er jährlich viele hundert Kilometer auf den Radrouten seiner Heimat unterwegs.
Vom selben Autor ist im Steiger Verlag außerdem der Titel **Radtouren mit Kindern im Waldviertel** lieferbar.

Für David, Sophie, Lukas und Fabian

Die Deutsche Bibliothek – CIP-Einheitsaufnahme

Uitz, Martin:
Genussradeln im Salzburger Land / Martin Uitz. – Augsburg : Steiger, 1997
(Steiger-Radführer)
ISBN 3-89652-044-X

Steiger Verlag

Konzeption: Dr. Petra Altmann
Kartenskizzen: Ingenieurbüro für Kartographie Heidi Schmalfuß, München
Layoutentwurf: VerlagsService Dr. Helmut Neuberger & Karl Schaumann, Heimstetten
Satz und Layout: Gesetzt aus 9/11 pt Frutiger von Vera Faßbender, Weltbild Verlag, Augsburg
Gedruckt auf chlorfrei gebleichtem Papier.
Reproduktion: Lito Service, Bozen
Druck und Bindung: Appl, Wemding

Einbandvorderseite: Saalfelden, Ritzensee (IFA-Bilderteam, München/Foto: Rose); Einbandrückseite: Radfahrende Familie unterwegs im Salzburger Land (IFA-Bilderteam, München, Foto: Endler); S. 1: Almdorf bei Maria Alm (Salzburger Land Tourismus Gesellschaft, Hallwang/Salzburg); S. 2/3: St. Michael im Lungau – Blick Richtung Katschberg und Kareck (Fremdenverkehrsverein St. Michael). Alle übrigen Fotos vom Autor.

Printed in Germany

ISBN 3-89652-044-X

Inhalt

= Tour für Kinder besonders geeignet

Wasserburg a. Inn
Trostberg
Kay
Trimn
Obing
Altenmarkt
Traunreut
Waginger See
Aßling
Glonn
Rott a. Inn
Aying
Peiss
Seebruck
Schechen
Endorf
Laufen
Traunstein
Chiemsee
Mangfall
Bad Aibling
Simssee
Freila
Kolbermoor
Rosenheim
Siegsdorf
SALZBU
Frasdorf
Miesbach
DEUTSCHLAND
Tegern-see
Hausham
Ruhpolding
Inzell
Schliersee
Inn
Tegernsee
Bad Reichenhall
Sachrang
Rottach-Egern
Schneizlreuth
Bayrischzell
Walchsee
Reit im Winkl
Oberaudorf
Unken
Berchtesg
Wildbad Kreuth
Mangfall-Gebirge
Saalach
Waidring
Rams
Erpfendorf
Lofer
Kufstein
Kaiser-Gebirge
Königs
Achenkirch
Ellmau
Kirchbichl
Steinernes
St. Ulrich
Scholastika
Soll
St. Johann i. Tirol
Achen-see
Hochfilzen
15
Wörgl
Maurach
Kundl
20
Saalfeld
Kitzbühel
19
Aurach
Rattenberg
Saalbach
Maria A
Kelchsau
Jochberg
Tirol
Salz
18
Fügen
Kitzbüheler Alpen
Zell a. See
Schwaz
Zeller See
Uderns
Piesendorf
Taxenbac
Bramberg
13
Neukirchen
12
Mittersill
Kaprun
Zell a. Ziller
Gerlos
Krimml
Enzinger-boden
Hohe Taue
21
Mayrhofen
Weißsee
Stausee Mooserboden
Dornauberg
Zillertaler Alpen
Franz-Josefs-Höhe
Großglockner
Ost-
Predoi
Prägraten
Hinterbichl
Virgen
S. Pietro
Kals
ITALIEN
S. Giovanni
Tirol
Lutago
Riva di Tures
Erlsbach
St. Veit
Huben
Molini
Hopfgarten

Straßwalchen
Mattsee
Mattsee
Neumarkt
Wallersee
Seekirchen
Thalgau
Timelkam
Vöcklabruck
Roitham
Vorchdorf
Pettenbach
Kirchdorf
Schöfling
Attersee
Attersee
Mondsee
Mondsee
Gmünden
Traunsee
Traunkirchen
Klaus
Oberösterreich
Weissenbach
Ebensee
St. Pankraz
Fuschl
St. Gilgen
St. Wolfgang
Wolfgangsee
Strobl
Seehaus
Puch
Osterhorngruppe
Hallein
ÖSTERREICH
Bad Ischl
Totes-Gebirge
Bad Goisern
Kuchl
Grundlsee
Bad Aussee
Bad Mitterndorf
Wörschach
Golling
Gosau
Salzkammergut
Hallstatt
Stainach
Tennengeb.
Am Stein
Hagen-Geb.
Sulzau
Annaberg
Werfen
Dachstein-Gebirge
Enns
Hüttau
Aich
Mandling
Radstadt
Schladming
Altenmarkt
Donnersbachwald
Steiermark
St. Johann
Untertauern
Kleinarl
Radstädter Tauern
Tauern
Dorfgastein
Großarl
Schladminger Tauern
Niedere
Tweng
Bad Hofgastein
Zederhaus
Seetal
Seebach
Mauterndorf
Tamsweg
Murau
Badgastein
Böckstein
Muhr
Katschberghöhe
Mur
Predlitz
Rennweg
Metnitz
Mallnitz
Kärnten
Turrach
Malta
Leoben
Flattnitz
Gmünden
2
4
5
6
7
8
9
10
16
17
22
23
24
25
26
27
28
29
30

PRIVAT

Einführung

»Ein kleines Paradies« – so nennen die Salzburger Tourismuswerber etwas unbescheiden ihr Land. Tatsächlich gibt es in der weitgehend intakten Kultur- und Naturlandschaft des *Salzburger Landes* so manches paradiesische Fleckchen, malerische Seen, mächtige Bergriesen und zwischendrin liebliche Dörfer und geschichtsträchtige Städte.
Radfahren war im Salzburger Land bis vor wenigen Jahren hauptsächlich denjenigen vorbehalten, die sich kein Auto leisten konnten. Das hat sich gewaltig geändert: Durch den Bau von Hunderten von Kilometern Radwegen und die durchgehende Beschilderung von inzwischen sehr bekannten Radrouten wie etwa dem Tauernradweg zählt das Salzburger Land heute zu den beliebtesten Zielen des Fahrradtourismus in Europa.
Viele der in diesem Buch empfohlenen Radtouren folgen einzelnen Etappen der großen Radrouten, die einheitlich mit grünen Wegweisern durch alle Landesteile beschildert sind: Tauernradweg, Murradweg, Gasteinertal-Radroute und Ennsradweg sind typische Flußradwege, die den größten Flüssen des Landes folgen und daher nur selten kurze Anstiege aufweisen. Salzkammergutradweg, Salz-und-Seen-Tour und die Mitterbergrunde im Lungau sind Rundstrecken, die zum Teil ein bißchen hügelig verlaufen.
Die großen Radrouten im Salzburger Land folgen entweder echten Radwegen im Sinne der Straßenverkehrsordnung, oder sie verlaufen auf verkehrsarmen Nebenstraßen und Güterwegen. Manchmal benützen sie auch ehemals stark befahrene Hauptstraßen, die durch den Bau der Tauernautobahn in den siebziger Jahren vom Durchgangsverkehr entlastet wurden (für Radfahrer gibt es dann eine durch Bodenmarkierung ausgewiesene Langsamfahrspur).
Die Zahl der Touristen, die Salzburg mit dem Fahrrad besuchen, steigt seit Jahren stark an. Diesem Trend folgen bislang mehr als 400 sogenannte »fahrradfreundliche« Hotels und Pensionen, die durch eine blaugrüne Fahne mit dem Text »Radfahrer willkommen« anzeigen, daß sie neben der üblichen Gastfreundschaft auch eine versperrbare Fahrradgarage, radfahrerfreundliche Küche sowie die Möglichkeit,während einer Radtour auch nur für eine Nacht zu bleiben, anbieten.
Für Familien mit Kindern gibt es im Salzburger Land einen eigenen Prospekt mit über 80 familienfreundlichen Hotels, Pensionen und Bauernhöfen. Alle diese und viele weitere Informationen erhält man kostenlos bei: Salzburger Land, Postfach 1, A-5300 Hallwang bei Salzburg, Telefon: 0043/662/6688, Fax: 0043/662/6688-66, Internet: http://www.szgtour.co.at/guide/. Und die besonders für mitradelnde Kinder geeigneten Touren sind im Inhaltsverzeichnis und bei der Tourennummer mit einem Fahrradsymbol gekennzeichnet.

Allerdings sind auch viele weitere Touren für Kinder unterschiedlichen Alters zu empfehlen; dazu finden Sie Angaben in den Infokästen jeweils vor der ausführlichen Tourenbeschreibung.

Klein, aber oho!

Das Salzburger Land gehört zu den kleineren der neun österreichischen Bundesländer, nur sechs Prozent der österreichischen Bevölkerung sind Salzburger. Im Tourismus sind sie allerdings ganz groß: Annähernd jede vierte Nacht, die ein Urlauber in Österreich verbringt, bucht er im Salzburger Land.

Neben der Mozartstadt **Salzburg**, die Alexander von Humboldt zu den drei schönsten Städten der Welt zählte, liegen die beliebtesten Seen des **Salzkammergutes** im Salzburger Land, ebenso das weltbekannte **Gasteinertal** mit seinen Thermen, der größte Teil des **Nationalparks Hohe Tauern** und die großen internationalen Sommer- und Wintersportzentren **Zell am See, Saalbach-Hinterglemm** und **Obertauern.**
Der Tourismus ist der wichtigste Wirtschaftszweig des Landes.
Für Radfahrer ist das recht angenehm, denn hier findet man zu jeder Zeit und in praktisch jedem Ort geeignete Unterkünfte. Hinzu kommt, daß zur besten Jahreszeit fürs Radfahren (also außerhalb der winterlichen Hochsaison) das Preisniveau bei vielen Hotels und Pensionen in Relation zum hohen Standard durchaus moderat ist.
Als Geheimtip seien hier Frühjahr und Herbst erwähnt: Wer zum Beispiel in den Pfingst- oder Herbstferien mit seinen Kindern im Salzburger Land unterwegs ist, wird staunen, wie günstig man hier – abseits jeglichen Massentourismus – Urlaub machen kann.
Geographisch unterscheidet man im Salzburger Land die sogenannten Gebirgsgaue, das sind **Pinzgau, Pongau** und **Lungau** mit ihren Berggipfeln bis weit über 3000 Meter, und die beiden Gaue rund um die Landeshauptstadt Salzburg, **Tennengau** und **Flachgau**:
Der *Flachgau* ist wesentlich hügeliger, als der Name vermuten läßt. Hier liegt der Salzburger Anteil am Salzkammergut mit Wolfgangsee, Fuschlsee und Teilen des Mondsees, außerdem nördlich der Stadt Salzburg das Trumer Seen-Land. Eine sommerliche Radtour hier bietet viele Bademöglichkeiten an den mit Trinkwasserqualität werbenden Seen.
Der *Tennengau* liegt südlich von Salzburg an beiden Ufern der Salzach. Hier befindet sich bei der Bezirkshauptstadt *Hallein* die Salzbergbaustätte aus keltischer Zeit, die dem Land den Namen gab.
Der *Pongau* schließt südlich an und ist Wintersportlern durch das weitläufige Skigebiet der Salzburger Sportwelt Amadé bekannt. Die radonhaltigen Thermen im *Gasteinertal* zogen schon im 19. Jahrhundert Menschen aus ganz Europa an, die sich hier von ihren Leiden befreien lassen wollten.
Der *Lungau* ist der südlichste Landesteil. Die hochgelegene Beckenlandschaft zwischen Radstädter Tauern und Katschberg war früher nur mühsam erreichbar, daher sind hier mehr als anderswo ursprüngliches Brauchtum und traditionelle bäuerliche Wirtschaftsweise erhalten geblieben. Wegen der geringen Verkehrsdichte ist der Lungau bei Radfahrern besonders beliebt.
Der *Pinzgau* ist der größte Bezirk des Salzburger Landes. Im Süden wird er von den mit ewigem Eis bedeckten Gipfeln der Hohen Tauern begrenzt, die seit 1983 als *Nationalpark Hohe Tauern* unter Naturschutz stehen. Von der Bezirkshauptstadt Zell am See nach Norden führt das Pinzgauer Saalachtal an den mächtigen Kalkspitzen des Steinernen Meeres vorbei.
Die Stadt **Salzburg** lebt von ihrer einzigartigen Kulturgeschichte, die vom *genius locii* – Wolfgang Amadeus Mozart – stark geprägt wurde.
Daß Salzburg auch zu den fahrradfreundlichsten Städten Europas gehört, ist viel weniger bekannt. Ein flächendeckendes Netz von Radwegen, die auch schon mal durch einen schönen Park oder entgegen den für Autos festgelegten Einbahnstraßen verlaufen, verschafft Radfahrern die vergleichsweise kürzesten Wegzeiten aller Verkehrsteilnehmer in der Stadt.

Salz und Gold

Diesen beiden Rohstoffen verdanken die Salzburger seit mehr als einem Jahrtausend ihren Wohlstand. Die Fürsterzbischöfe, seit 798 kirchliche und weltliche Herrscher im bis 1803 unabhängigen Fürsterzbistum Salzburg, sicherten sich über ein Hoheitsrecht an diesen Bodenschätzen volle Kassen.
Der Salzbergbau am **Dürrnberg** bei Hallein ist keltischen Ursprungs. Zweimal in der jüngeren Geschichte wurden hier in vom Berg wieder zusammengedrückten alten Stollen die Leichen keltischer Bergmänner aus der Zeit um 600 v. Chr. gefunden.
Gold wurde in mehreren Bergwerken in den **Hohen Tauern** gewonnen. Vor der Entdeckung Amerikas und der dort einsetzenden Suche nach den Goldminen der Inkas und Azteken stammten bis zu zehn Prozent der europäischen Goldproduktion aus Salzburger Bergwerken.
Die *Bauern* in Salzburg waren über die Jahrhunderte ständig in der schwierigen Situation, daß die Landwirtschaft im Gebirge keine ausreichenden Erträge abwarf. Daher waren sie immer schon auf einen Nebenerwerb angewiesen. Sie werkten entweder als Knappen im Bergbau, oder sie verdienten sich als Säumer (»Samer«) ein Zubrot. Säumer transportierten Waren über die Hochgebirgsübergänge von und nach Süden, also über die sogenannten »Tauern«. Mit dem Ende des Bergbaus und dem Straßen- und Eisenbahnbau, der die Säumerei überflüssig machte, begann für viele Bergbauern eine sehr schwierige Zeit. Bis in die fünfziger Jahre unseres Jahrhunderts waren ganze Talschaften von Abwanderung bedroht. Erst mit dem Aufblühen des Tourismus entstanden wieder Arbeitsplätze, die den bäuerlichen Familien ein Verbleiben auf ihren oft über die Jahrhunderte vererbten Höfen sicherten.
Die Unabhängigkeit Salzburgs endete 1803 mit den Napoleonischen Kriegen. Die Bayern, damals Verbündete Napoleons, besetzten Salzburg, schlossen die Universität und machten aus der blühenden Kulturmetropole eine Provinzstadt. Nach dem Wiener Kongreß ging es den Salzburgern vorerst nicht viel besser. Zwar endete die bayerische Besatzung, aber das Land fiel nun an die Habsburger, die es an das Kronland Oberösterreich anschlossen. Bis heute befinden sich daher zum Beispiel die Direktionen der Post und der Bahn sowie das für Salzburg zuständige Oberlandesgericht im oberösterreichischen Linz. Erst Mitte des 19. Jahrhunderts erhielt Salzburg des Status eines Kronlandes. Die Wiedererlangung der Weltgeltung als Kulturmetropole verdankt Salzburg jedoch vor allem der Idee Max Reinhardts, der 1920 die Salzburger Festspiele mit dem Motto »Die ganze Stadt ist Bühne« ins Leben rief.
Heute zählen Stadt und Land Salzburg nicht nur zu den schönsten, sondern auch zu den wohlhabendsten Regionen Österreichs. Hier ist das Pro-Kopf-Steueraufkommen am höchsten, und die Gebiete rund um die die Stadt Salzburg haben seit Jahrzehnten den höchsten Bevölkerungszuwachs der Republik, weil viele Menschen die hervorragende Lebensqualität schätzen. Der Tourismus ist dafür mitverantwortlich, denn neben der natürlichen Schönheit der Landschaft und der kulturellen Vielfalt sind es die oft für Touristen geschaffenen Freizeiteinrichtungen, die das Leben hier so angenehm gestalten. Die Palette reicht von Skiliften im Winter über Erlebnisbäder, Golf- und Tennisplätze bis zu den neuen Radwegen und Radrouten. In diesem Sinne: Viel Spaß beim Radfahren im Salzburger Land!

1 In der Mozartstadt Salzburg

Ausgangsort
Salzburg Hauptbahnhof.

Zielpunkt
Wie Ausgangspunkt.

Anreise/Abreise
PKW: Auf der Autobahn aus allen Richtungen ideal erreichbar.
Bahn: Salzburg ist ebenso ein internationaler Bahnknotenpunkt und daher von allen Richtungen ideal erreichbar.

Tourenlänge
9 km.

Steigung
Keine.

Eignung für Kinder
Für Kinder ab 8 Jahren geeignet.

Günstigste Jahreszeit
April bis Oktober.

Wegcharakter
Radwege, teils durch Bodenmarkierung auf Straßen ausgewiesen, wenige kurze Abschnitte auf Autostraßen, einige gefährliche Kreuzungen mit Autostraßen.

Wegmarkierung
Derzeit keine, 1997 soll in der Stadt Salzburg ein flächendeckendes Beschilderungssystem für Radwege eingeführt werden.

Empfohlener Radtyp
Mit allen Fahrradtypen befahrbar.

Besonderheiten
Route führt zu allen bedeutenden Sehenswürdigkeiten der Altstadt beiderseits der Salzach; Haus der Natur.

Kombination
Mit allen Routen, die Ausgangs- oder Endpunkt in der Stadt Salzburg haben.

Die Stadt Salzburg hat in den letzten Jahren große Anstrengungen unternommen, um Radfahrern ein flächendeckendes System an Radwegen und radfreundlichen Routen zu bieten. Dazu wurden viele Autostraßen mit durch Bodenmarkierung ausgewiesenen Radspuren versehen, die Einbahnregel in den meisten Fällen für Radfahrer außer Kraft gesetzt (Achtung: Diese Ausnahme von der Straßenverkehrsordnung ist nicht allen Autofahrern geläufig), Wege durch Parkanlagen für Radler geöffnet und fast alle Fahrverbotsstrecken und Fußgängerzonen mit einer Ausnahme für Radfahrer versehen. Radler sind wirklich privilegierte Verkehrsteilnehmer, was zu einer beträchtlichen Steigerung des Radverkehrs geführt hat. Heute gibt es daher auch einige Hauptrouten für Radfahrer (zum Beispiel am rechten Salzachufer), wo die Dichte des Radverkehrs so hoch ist, daß verkehrsunerfahrene Radler besonders vorsichtig sein sollten.
Herzstück der Radrouten durch Salzburg sind die Radwege an beiden Ufern der **Salzach**, die Salzburgs Zentrum in zwei Hälften teilt. Da diese Durchfahrtsrouten als Teil des *Tauernradwegs* leicht zu finden und auch beschildert sind, bezieht sich die nun folgende Routenbeschreibung auf eine Rundfahrt per Fahrrad durch Salzburg, die meist abseits dieser Hauptroute verläuft. Man kommt aber immer wieder an die Salzach und kann so jederzeit in beiden Richtungen eine Abkürzung nehmen oder auf schnellstem Wege einen beliebigen Punkt erreichen. Während Autofahrer im Zentrum nur zwei Salzachbrücken zur Auswahl haben, können Radfahrer dazu noch drei Fußgängerstege benützen und so sehr flexibel den Fluß queren.
Die Route beginnt am *Bahnhof*, wo es auch einen Fahrradverleih gibt. Vor dem Hauptportal hält man sich kurz links und

biegt dann in die erste Straße rechts (Ferdinand-Porsche-Straße) ein, die zur *Elisabethstraße* führt. Hier fährt man links auf die Fahrradspur, über eine Kreuzung mit Ampel geradeaus in die *Rainerstraße* und unter der Bahnunterführung durch. Jetzt führt die Radspur am rechten Fahrbahnrand bis zur nächsten Kreuzung, wo sie endet. Man fährt geradeaus weiter, kommt am Kongreßhaus vorbei und biegt gleich danach rechts in den **Kurpark** ab, durch den ein für Fußgänger und Radfahrer geteilter Weg verläuft.

Links liegt das **Schloß Mirabell**, einst das fürsterzbischöfliche Schloß Altenau, heute Sitz des Bürgermeisters und der Stadtverwaltung. Erzbischof Wolf Dietrich von Raitenau hatte es 1606 für Salome Alt erbauen lassen. Sie war die Mutter seiner 16 (!) Kinder und wohnte weiter im Schloß, während Wolf Dietrich auf der Festung im Kerker schmachtete, nachdem er durch seine ehrgeizigen Bauvorhaben Salzburg an den Rand des wirtschaftlichen Ruins gebracht hatte. Berühmt sind die vom Architekten Lukas von Hildebrandt gestaltete barocke Marmorstiege und der Marmorsaal, in dem täglich romantische Trauungen für Heiratswillige aus aller Welt stattfinden. Auch Kammermusik der Salzburger Schloßkonzerte ist hier fast täglich zu hören. Mirabell wird von einem prächtigen barocken Garten umgeben. Wer Schloß und **Mirabellgarten** besuchen will, fährt nach dem Kongreßhaus geradeaus weiter und biegt mit dem Fahrrad direkt in den Schloßhof ab, wo man das Rad abstellen kann

Der belebteste Radweg der Stadt am rechten Salzachufer: Hier gibt es manchmal sogar Stau am Radweg.

In der Getreidegasse: Mozarts Geburtshaus ist heute ein Museum.

(Schloß und Garten täglich geöffnet, Eintritt frei).
Die Radroute verläuft zwischen Mirabell und dem an das Hotel Sheraton anschließenden, etwas antiquierten **Paracelsus-Hallenbad** durch den Kurgarten und führt an die Schwarzstraße. Hier liegt links oben auf einer Terrasse der sogenannte **Zwergelgarten**, ein Teil des Mirabellgartens, in dem barocke Marmorfiguren aufgestellt sind, die Gnome und Zwerge darstellen.
Bei der Fußgängerampel überquert man die Schwarzstraße und hält auf den Müllnersteg über die Salzach zu. Vorsicht bei der Querung der Radwege an beiden Salzachufern: Hier herrscht reger Verkehr, die Uferwege haben Vorrang. Nach der Flußquerung biegt man links auf den unter Kastanienbäumen verlaufenden Radweg ein, kommt an einem Kinderspielplatz vorbei und erreicht den sogenannten *Rot-Kreuz-Parkplatz*. Beim Kassahäuschen biegt man rechts ab und überquert vorsichtig den *Franz-Josefs-Kai*. Gegenüber liegt das **Museum Carolino Augusteum**, nicht minder interessant ist jedoch das gleich hinter dem Durchhaus rechts liegende **Haus der Natur**. Diese naturkundliche Museum ist das europaweit meistbesuchte Haus seiner Art: Es gibt beachtliche Aquarien mit Fischen und Meerestieren, Dutzende Terrarien mit Schlangen, Schildkröten, Krokodilen, Fröschen und Eidechsen, eine Halle mit Dinosaurierskeletten, dreidimensionale Schaubilder von Urwaldlandschaften, alpiner Flora und Fauna bis hin zu einer tibetischen Nomadensiedlung, dazu viele Möglichkeiten, kleine Experimente durchzuführen, und regelmäßig große Sonderausstellungen zu wechselnden Themen.
Die Radroute führt nach der Straßenquerung links in einen schmalen Durchgang (der Bodenmarkierung folgend) hinter dem Carolino Augusteum vorbei und zum **Stadtkino**, das heute ein Veranstaltungszentrum für alternative Kunst ist. Rechts liegt die Felswand des Mönchsbergs und der Eingang zum Aufzug, der innerhalb der Felswand zum **Café Winkler** führt, von dem man einen herrlichen Blick über die Stadt hat.
Die Radroute führt geradeaus über die Griesgasse und gegen die Einbahnrichtung durch das Durchhaus über der Münzgasse auf den *Bürgerspitalplatz*. Hier endet der bodenmarkierte Radweg. Links biegt die *Getreidegasse* ab, Salzburgs exklusivste Einkaufsstraße mit traditionsreichen Hausschildern und Portalen sowie hübschen Arkadenhöfen und Durchgängen zum Universitätsplatz und zur Griesgasse. Hier stehen zwei Routen zur Auswahl:
Variante: Wer durch die Getreidegasse bummeln will, muß das Fahrrad schieben (Fußgängerzone und meist auch ziemliches Gedränge). Man kommt rechts am

Geburtshaus von Wolfgang Amadeus Mozart vorbei, das heute ein Museum ist und zu den meistbesuchten Sehenswürdigkeiten der Stadt zählt. Dann erreicht man den *Alten Markt*, auf den man rechts einbiegt, um zum bekannten Café Tomaselli zu kommen. Schräg gegenüber liegt die Konditorei Fürst, wo die **Mozartkugel** erfunden wurde (Schokoladekugel, gefüllt mit Marzipan und Nougat, bei Fürst bis heute handgemacht; bekannter ist die Original Salzburger Mozartkugel von Mirabell, in goldenes Stanniol verpackt und als einzige nach einem Weltpatent rundherum rund gegossen, ohne Auflagefläche). Ab Tomaselli kann man wieder das Fahrrad besteigen und über den Residenzplatz zum *Mozartplatz* radeln (ab hier an der Hauptroute weiter).
Die *Hauptroute* führt mit dem Fahrrad einige Meter durch die stark befahrene *Bürgerspitalgasse*. Rechts liegt das sehr sehenswerte **Spielzeugmuseum** mit einer beachtlichen Sammlung von Kuriositäten aus der Geschichte des Spielzeugs. Weiter kommt man zur barocken **Pferdeschwemme**, wo früher die in den nahe gelegenen Stallungen untergebrachten Pferde der Fürsterzbischöfe gewaschen wurden. Der Platz ist heute nach **Herbert von Karajan** benannt, dem langjährigen Direktor der Salzburger Festspiele.
Hier fährt man geradeaus (links ginge es zum Universitätsplatz, wo vormittags der attraktive Grünmarkt stattfindet) in die *Hofstallgasse*, die an den Festspielhäusern vorbeiführt. Die drei größten Spielstätten der Salzburger Festspiele wurden in den fünfziger Jahren anstelle der hier befindlichen Stallungen errichtet. Der österreichische Architekt Clemens Holzmeister plante das **Große und das Kleine Festspielhaus** sowie die Überdachung der **Felsenreitschule**. Viele Salzburger hielten die Bauwerke mit ihren Tausenden von Sitzplätzen für viel zu groß und konnten sich damals nicht vorstellen, daß die Anziehungskraft der Festspiele so groß sein würde, daß im kleinen Salzburg mehr als 200 000 Karten pro Saison für die verschiedenen Festspielaufführungen verkauft würden.
Die Radroute führt jetzt geradeaus zwischen dem **Stift St. Peter** und der **Franziskanerkirche** durch zum *Domplatz*. Nach St. Peter kann man rechts in den Stiftshof einbiegen. Die Erzabtei St. Peter ist die älteste Klostergründung (um 696) auf heute österreichischem Boden und geht auf den heiligen Rupert, Landespatron von Salzburg, zurück. Gleich neben der Stiftskirche mit ihrem romanischen Portal befindet sich der Eingang zum ältesten Friedhof der Stadt, der für seine besonders kunstvollen schmiedeeisernen Grabkreuze berühmt ist. Neben dem Friedhofseingang liegt das Stiftsrestaurant St. Peter, Salzburgs älteste Gaststätte. Die Franziskanerkirche liegt links direkt an der Radroute und beherbergt eine spätgotische Madonna von Michael Pacher sowie einen barocken Hochaltar von Fischer von Erlach.
Vor uns liegt jetzt der Domplatz, auf dem während der Festspielzeit eine Zuschauertribüne für die »Jedermann«-Vorstellungen errichtet wird. Diese Freiluftaufführungen finden seit den Zeiten Max Reinhardts jedes Jahr statt und machen sich die atemberaubende Kulisse des Domportals und der umliegen Kirchtürme, Burgen und Schlösser zunutze. Der Dom wurde vom italienischen Architekten Santino Solari geplant und ist der monumentalste frühbarocke Kirchenbau nördlich der Alpen.
Mit dem Rad fährt man rechts durch die Arkaden am Dom vorbei und kommt auf den *Kapitelplatz*. Hier liegt das erzbischöfliche Palais des in Salzburg nach altem

Kirchenrecht vom Domkapitel vorgeschlagenen Erzbischofs, der bis 1803 auch weltliches Oberhaupt des damals unabhängigen Kleinstaates war. Rechts führt ein kleines Gäßchen zur Talstation der Festungsbahn. Die Standseilbahn bringt alle zehn Minuten Besucher auf die **Festung Hohensalzburg**, den größten vollständig erhaltenen mittelalterlichen Festungsbau Österreichs. Auf dem Festungsberg befindet sich eine eigene kleine Stadt, die in Krisenzeiten der Bevölkerung als Zufluchtstätte diente. Daher stammt auch der Spitzname »Stierwascher«, der in Österreich für die Salzburger gebräuchlich ist. Bei einer Belagerung hatte sich die Bevölkerung auf der Festung verschanzt, aber die Nahrungsmittelvorräte wurden knapp. Um den Feind zu täuschen, ließen die Salzburger ihren letzten Stier jeden Tag auf den Mauern der Festung erscheinen, bemalten ihn jedoch jeweils in einer anderen Farbe, um den Eindruck zu erwecken, daß sie noch viele Stiere besäßen. Dazu produzierte eine eigens gebaute Orgel seltsame Töne, die wie das Gebrüll von einem Dutzend Stiere klangen. Der Feind glaubte nun nicht mehr an einen Erfolg vor dem herannahenden Winter und brach die Belagerung ab.
Die Radroute führt um den Dom herum und biegt links zum Hauptpostamt ab. So kommt man auf den *Residenzplatz* mit seinem prächtigen Springbrunnen aus dem 17. Jahrhundert. Links geht es zum Alten Markt und zum Café Tomaselli (hier trifft man mit der *Variante* durch die Getreidegasse zusammen), rechts kommt man am Glockenspiel vorbei zum *Mozartplatz*. Auch das **Glockenspiel**, das im Turm der **Neuen Residenz** untergebracht ist, kann man besichtigen. Sein Geläute ertönt dreimal am Tage (7.00, 11.00 und 18.00 Uhr). Gegenüber liegt die **Alte Residenz**, die vom 12. bis ins 17. Jahrhundert der Sitz der Salzburger Fürsterzbischöfe war. Ihre Prunkräume können besichtigt werden.
Am Mozartplatz steht das 1842 errichtete **Mozart-Denkmal** Ludwig Schwanthalers. Dahinter ist die *Tourist Information* der Stadt Salzburg. Die Radroute führt am Denkmal vorbei und geradeaus in die schmale Pfeifergasse zum *Papagenoplatz.* Hier steht ein Brunnen mit einer Figur des Papageno aus Mozarts »Zauberflöte«. Weiter geht es durch die Pfeifergasse links am **Chiemseehof** vorbei, dem heutigen Sitz der Salzburger Landesregierung. Man kommt zum Krankenhaus der Barmherzigen Brüder und biegt danach links in die Kaigasse ein. Am Schranken des Parkplatzes Kajetanerplatz vorbei kommt man zu einem großen Kreisverkehr, in den man vorsichtig einfährt, um auf die *Karolinenbrücke* zu gelangen und die Salzach zu überqueren.
Eine breite Radspur führt rechts über die Brücke, am anderen Ufer biegt man zweimal scharf rechts ab, um in die Fahrradunterführung zu gelangen. Am rechten Flußufer stromabwärts fährt man jetzt auf einem sehr stark befahrenen Radweg unter Kastanienbäumen bis zum nächsten Fußgängersteg, dem *Mozartsteg.* Hier biegt man rechts ab und quert bei der Fußgängerampel (mit Bedienungsknopf) die Imbergstraße. Man biegt für zehn Meter links in die Busspur ein und nimmt dann das erste kleine Gäßchen nach rechts, das zur Steingasse führt. Hier biegt man links ein und radelt auf Pflastersteinen durch die mittelalterlich anmutende enge Gasse, die zum **Inneren Steiner Tor** führt. Hier sieht man Reste der alten Stadtbefestigung. Weiter geht es etwas bergab an einigen Abendlokalen vorbei zum Platzl, wo nach rechts die *Linzer Gasse* abzweigt. Die empfohlene Radroute verläuft geradeaus gegen die Einbahn

durch das Sautertor zum Makartplatz.
Die Linzer Gasse lockt nicht nur mit einem Eisgeschäft zu einem Abstecher nach rechts, wo nach 50 Metern das Eingangstor zum Aufgang auf den Kapuzinerberg liegt. Wer Lust hat, kann von hier aus auch die rund zweistündige Wanderung über den schönsten Stadtberg Salzburgs unternehmen, der hinauf zum Kapuzinerkloster und dann entlang der alten Befestigungsmauern in eine prächtige Naturlandschaft mitten in der Stadt führt.
Die Bodenmarkierung für die Radroute endet am Makartplatz, wo rechts die **Dreifaltigkeitskirche** liegt. Sie ist der erste Kirchenbau von Fischer von Erlach in Salzburg und für ihre mit prächtigen Deckenfresken von Johann Michael Rottmayer ausgestattete ovale Kuppel mit eindrucksvoller Raumwirkung berühmt.
Man biegt im Uhrzeigersinn links in den Kreisverkehr am Makartplatz ein, fährt am

Hotel Bristol vorbei zum Landestheater und überquert bei der Ampelkreuzung die Schwarzstraße. Links liegt das renommierte Hotel Österreichischer Hof. Rechts biegt man auf den Radweg am rechten Salzachufer ein und folgt diesem nun für ein längeres Stück. An der evangelischen Kirche und am Müllnersteg vorbei kommt man zur Bahnunterführung und zur Radwegunterführung unter der Lehener Brücke. Danach nimmt man die zweite Abzweigung rechts und folgt der *Stauffenstraße* Richtung Hotel Hohenstauffen. Vorsicht bei den Kreuzungen mit den Querstraßen, die Vorrang haben! Die Stauffenstraße führt zur *Elisabethstraße*, in die man gegen die Einbahnrichtung links einbiegt, wo man der Radspur bis zur nächsten Kreuzung folgt. Hier biegt man rechts in die Kaiserschützenstraße ein und findet sich am Bahnhofsplatz wieder.

Information
- Salzburg Information, A-5020 Salzburg, Auerspergstr.7, ✆ 06 62/8 89 87-0, Fax 8 89 87-32.

Fahrradverleih
- Rad Hager, Fürstenallee 39, ✆ 0662/ 823723, Fax 82 96 23.
- Top Bike, Aribonenstraße 18, ✆ 0663/862529, Fax 434300-4.
- Hauptbahnhof/Schalter Nr. 3, ✆ 0662/8887-5427.

Fahrradreparatur
- Bike Store, Jakob-Auer-Straße 6, ✆ /Fax 0662/621294.
- Zweirad Service Eisenmann, Kirchenstraße 47, ✆ 0662/455604.

Übernachtungen unterwegs
- Hotel Doktorwirt****, Aigen, Glaser Straße 9, ✆ 0662/622973, Fax 622973-24.
- Hotel Hohenstauffen***, Stauffenstraße/Elisabethstraße 19, ✆ 0662/877669-0 und 872193-0, Fax 872193-51.
- Gasthof Mostwastl***, Mostwastlweg 3, ✆ 0662/823572, Fax 823572-5.

Urlaub am Bauernhof:
- Blobergerhof, Fam. Keuschnigg, Hammerauerstraße 4, ✆ 0662/830227, Fax 827061.
- Kolmbauer, Fam. Götzinger, Moosstraße 156, ✆ 0662/826298, Fax 853361.

Jugendherberge:
- Jugendgästehaus, Josef-Preis-Allee 18, ✆ 0662/8426700, Fax 841101.

Camping
- Salzburg-West, ASK Salzburg, Karolingerstraße 4, ✆ 0662/834223.
- Stadtblick-Rauchenbichl, Rauchenbichler Staße 21, ✆ 0662/450652, Fax 458018.
- Kasern, ✆ 0662/450576.
- Salzburg-Nord, Samstraße 22a, ✆ 0662/660494.
- Schloß Aigen, ✆ 0662/622079 oder 627 22 43.

Highlights
- Mozarts Geburtshaus in der Getreidegasse, Gegenstände aus Mozarts Leben und Schaffen, geöffnet täglich 9–18 Uhr (Juli/August bis 19 Uhr), ✆ 0662/844313.
- Mozarts Wohnhaus am Makartplatz, 1994/95 teilweise rekonstruiert, u.a. Tanzmeistersaal, Museum und Tonbildschau, geöffnet täglich 10–18 Uhr (Juli/August 9–18 Uhr), ✆ 0662/844313.
- Haus der Natur, weltbekanntes Naturkundemuseum, u.a. Weltraumhalle, Aquarium, Reptilienzoo und Tonbildschau, geöffnet täglich 9–17 Uhr, ✆ 0662/842653.
- Spielzeugmuseum (Museum im Bürgerspital) im restaurierten Arkadenhof in der Bürgerspitalgasse, geöffnet Dienstag–Sonntag 9–17 Uhr, ✆ 0662/847560.

Karten
Salzburg Radkarte 1:17.500/1:75.000, erhältlich bei der Salzburg Information.

✆-Vorwahl **nach** Österreich immer: 0043. Die 0 vor der Ortskennzahl dann weglassen!

2 Von Salzburg nach Hellbrunn und Anif

Ausgangsort
Salzburg.

Zielpunkt
Wie Ausgangspunkt: Rudolfsplatz.

Tourenlänge
22 km.

Steigung
Keine.

Eignung für Kinder
Für Kinder ab 6 Jahren geeignet.

Günstigste Jahreszeit
April bis Oktober.

Wegcharakter
Asphaltierte und gekieste Radwege, fast verkehrsfreie Güterwege und Feldwege, kurze Strecken auf öffentlichen Straßen, zum Teil mit markierter Radspur.

Wegmarkierung
Keine, Ausnahme: vom Schloß Leopoldskron zurück ins Stadtzentrum »Tauernradweg« in weißer Schrift auf grünen Tafeln.

Empfohlener Radtyp
Mit allen Fahrradtypen befahrbar.

Besonderheiten
Schloß Hellbrunn mit Wasserspielen; Tiergarten Hellbrunn; Schloß Leopoldskron.

Kombination
Ausflugsvariante zu allen Touren, die Salzburg berühren.

Ausgangspunkt für die Tour ist der *Rudolfsplatz* am linken Ufer der Salzach bei der Karolinenbrücke. Man fährt auf der Radspur in die Petersbrunnstraße und dann auf der linken Seite zum Busparkplatz Nonntal bei der Hypo-Bank. Vom Parkplatz biegt man links in den Mühlbacherhofweg ein, der in die Akademiestraße mündet. Man fährt rechts an den Schulgebäuden vorbei und biegt dann links auf den schmalen Asphaltstreifen des Freisaalweges ab. Dieser führt zum **Schloß Freisaal**, dem kleinsten der einst vier Stadtschlösser der Fürsterzbischöfe. Das Wasserschloß wurde vor einiger Zeit vom Land an Privatleute verkauft.
Bei einer Verkehrsampel für Radfahrer quert man die Hofhaymer Allee und fährt nun auf einem breiten Kiesweg durch die unter Landschaftsschutz stehende prächtige *Hellbrunner Allee*. Immer geradeaus kommt man links an *Schloß Frohnburg* und einigen weiteren herrschaftlichen Gebäuden vorbei.

Darbei amüsierten sich schon die Gäste des Erzbischofs: Die Wasserspiele in Hellbrunn sind ein feuchtfröhliches Erlebnis.

Die Hellbrunner Allee endet beim Eingang zu **Schloß Hellbrunn**, dem verspielten Lustschloß der Salzburger Fürsterzbischöfe aus dem frühen 17. Jahrhundert. Besonders schön sind der barocke Ziergarten und die weitläufige Parkanlage, die man teilweise auch mit dem Fahrrad befahren kann. Wer picknicken möchte – einen schöneren Platz wird er an der Route nicht finden! Die **Wasserspiele** mit ihren wundersamen Grotten, mechanischen Theatern und vielen »feuchten« Überraschungen amüsierten schon die Gäste der Erzbischöfe köstlich.

Am südwestlichen Ende des Gartens liegt der Eingang zum **Tiergarten Hellbrunn**, einem wirklich sehenswerten Zoo, der an einer Seite von einer natürlichen Felswand begrenzt wird und so mit sehr wenigen Gittern und Absperrungen für die Tiere auskommt. Neben einem Schwerpunkt bei Tieren aus dem alpinen Raum gibt es eine Affeninsel ganz ohne Gitter, große Raubkatzengehege, Wölfe, Eisbären und einen Streichelzoo.

Man kann den Tiergarten beim Zentraltor verlassen, wo manchmal die frei fliegenden Weißkopfgeier zur Fütterung erscheinen, und links auf der stärker befahrenen Straße einen Kilometer nach **Anif** radeln. Hier lebte der ehemalige Festspieldirektor und Meisterdirigent Herbert von Karajan; sein Grab befindet sich im Anifer Friedhof. Die Route führt an dem Hotel Friesacher vorbei und zweigt rechts vor dem Hotel Gartenauer ins Dorfzentrum ab. Vorbei am Heurigenlokal Friesacher's Einkehr fährt man geradeaus, quert die Eichenwaldstraße und verläßt auf einer schmalen Asphaltstraße Richtung *Untersberg* den Ort.

Bei der Ortsende-Tafel zweigt man rechts auf einen vorübergehend geschotterten Weg ein, der zwischen Mais- und Gemüsefeldern verläuft. Bei einem markanten Baum mit einem Hochsitz laden Tisch und Bank zu einem Picknick ein. Hier biegt man rechts in die schmale Asphaltstraße ab. Der Weg führt kurvig an Bauernhöfen vorbei bis zu einer Einmündung, wo rechts der geschützte Landschaftsteil **Eichenreihe Hellbrunn** liegt. Hier biegt man links ab, fährt durch ein Waldstück und biegt dann beim Nachrangschild links auf den straßenbegleitenden Radweg ein. Die erste Abzweigung führt beim Gasthof Pflegerbrücke in den Ortsteil Eichet und wieder rechts zum Mostwastl. Beide Gasthöfe haben prächtige Gärten und eignen sich gut für eine Jause unterwegs. Nun fährt man den *Mostwastlweg* entlang, der in die Birkenstraße übergeht. Links sieht man am Fuße des Untersberges *Schloß Glanegg*, das sich im Besitz der Familie Mayr-Melnhof befindet. Die Birkenstraße windet sich durch eine Wohnsiedlung nach links. Wo sie endet, biegt man rechts ab (Privatweg, Durchfahrt auf eigene Gefahr). Der schmale Weg führt idyllisch durch das **Leopolds-**

kroner Moor. Bald hat man einen ersten Blick auf die **Festung Hohensalzburg**. Wir fahren an Gemüsegärtnereien vorbei, queren eine Straße und folgen der Wegweisung zum *USK-Sportplatz.* Hier beginnt ein gekiester Rad- und Wanderweg, der zu einer kleinen Siedlung führt.
Man biegt links ab und nimmt dann die Dr.-Bauer-Straße rechts. Diese geht in die Konstanze-Weber-Gasse über. Man fährt geradeaus bis zum Stoppschild und biegt rechts in die Georg-N.-v.-Nissen-Straße ein. Ab hier ist die Route als »Tauernradweg« Richtung *Salzburg-Zentrum* beschildert. Man fährt links in die König-Ludwig-Straße, die zum Leopoldskroner Weiher führt. Gegenüber liegt das **Rokoko-Schloß Leopoldskron**, heute im Besitz einer amerikanischen Schule. Dieses vielleicht schönste der vier Stadtschlösser der Fürsterzbischöfe war in den zwanziger Jahren Wohnsitz des Festspielgründers Max Reinhardt. In den sechziger Jahren wurde es weltbekannt, da Hollywood-Regisseur Robert Wise die dem Weiher zugewandte Seite als »Double« für die Villa der Familie von Trapp verwendete. Die abenteuerliche Familiengeschichte wurde in der Filmfassung »The Sound of Music« ein Welterfolg. Noch heute kommen täglich Touristen aus aller Welt, um die vermeintliche Villa Trapp in Leopoldskron zu suchen (die echte Villa Trapp steht in Aigen, der dort seit Kriegsende angesiedelte katholische Orden wollte aber keine Filmarbeiten zulassen).
Die Radroute führt autofrei am Weiher entlang und biegt dann beim beliebten Leopoldskroner Bad rechts zur *Leopoldskroner Allee* ab. Durch die Fürstenallee und die Erzabt-Klotz-Straße führt die beschilderte Radroute über den Busparkplatz Nonntal zurück zum Kreisverkehr an der Karolinenbrücke.

Information

- Salzburg Information, A-5020 Salzburg, Auerspergstr.7, ✆ 0662/88987-0, Fax 88987-32.
- Verkehrsverein A-5081 Anif, ✆ 06246/72365, Fax 74325-22.
- Fremdenverkehrsverband A-5083 Grödig – Glanegg, ✆ 06246/73570, Fax 74795.

Fahrradverleih

- Salzburg: siehe Tour 1.
- Anif: Verkehrsverein, ✆ 06246/72365, Fax 74325-22.
- Grödig: Fremdenverkehrsverband, ✆ 06246/73570, Fax 74795.

Fahrradreparatur

- Salzburg: siehe Tour 1.
- Grödig: Hans Jörg Kinneswenger, Hauptstraße 46, ✆ 06246/72183.

Übernachtungen unterwegs

- Salzburg: siehe Tour 1.
- Gasthof Pflegerbrücke, Eichet, Pflegerstraße 53, ✆ 0662/821725, Fax 827671.
- Gasthof Mostwastl, Mostwastlweg 3, ✆ 0662/823572, Fax 823572-5.
- Anif: Hotel Gartenauer****, Fam. Wieser, Anifer Landesstraße 40, ✆ 06246/72465, Fax 72508-42.
- Pension Gallnhof, Dr. Franz Burda Straße 320, ✆/Fax 06246/72996.

Highlights

- Wasserspiele Hellbrunn im barocken Ziergarten des ehem. erzbischöflichen Lustschlosses, u.a. mit Grotten und mechanischem Theater, Führungen April–Oktober täglich 9–17 Uhr (Juli/August auch Abendführungen, April u. Oktober nur bis 16.30 Uhr), ✆ 0662/820372.
- Tiergarten Hellbrunn, Gesamtfläche 13 ha, u.a. frei fliegende Gänsegeier, Naturvogelpark, Raubtieranlagen und Afrika-Bereich mit Nashörnern, geöffnet täglich 8.30–17.30 Uhr (Oktober–März bis 16 Uhr), ✆ 0662/820176.

Karten

Salzburg Radkarte 1:17.500/1:75.000, erhältlich bei der Salzburg Information.

3 Zur Stille-Nacht-Kapelle in Oberndorf

Ausgangsort
Salzburg.

Zielpunkt
Oberndorf.

Anreise/Abreise
PKW: Oberndorf über die B165 von Salzburg (Autobahnabfahrt Salzburg Nord)
Bahn: Für die Rückreise von Oberndorf nach Salzburg bietet sich ideal die Salzburger Lokalbahn (Schmalspurbahn) an: Radmitnahme bei allen Zügen möglich.

Tourenlänge
18 km.

Steigung
Keine.

Eignung für Kinder
Für Kinder ab 7 Jahren geeignet.

Günstigste Jahreszeit
April bis Oktober.

Wegcharakter
Leichte, familienfreundliche Route auf dem flußbegleitenden Radweg an der Salzach, teils Kies, teils Asphalt.

Wegmarkierung
»Tauernradweg« in weißer Schrift auf grünen Tafeln.

Empfohlener Radtyp
Mit allen Fahrradtypen befahrbar.

Besonderheiten
Stille-Nacht-Kapelle und kleines Museum in Oberndorf.

Kombination
Mit Route 1, wenn man Salzburg als Aufenthaltsort wählt.

Vom *Hauptbahnhof in Salzburg* radelt man über den Bahnhofsvorplatz (hier wird mit großem finanziellen Aufwand die Endstation der Salzburger Lokalbahn unter die Oberfläche verlegt) schräg rechts in die *Jahnstraße*, die direkt an die Salzach führt. Weiter geht es auf dem Radweg am rechten Salzachufer flußabwärts in nördlicher Richtung aus der Stadt hinaus, bis man kurz vor der Autobahnbrücke zu einer gut beschilderten Abzweigung zum *Salzkammergutradweg* kommt. Hier bleibt man geradeaus an der Salzach.
Der asphaltierte Radweg geht nun in einen Kiesweg über und verläuft am Rande der Salzachauen direkt am Ufer. Diese Strecke ist speziell an Wochenenden sehr stark befahren – Vorsicht wegen des Gegenverkehrs!
Die beiden Orte *Bergheim* und *Anthering* läßt man rechts liegen, entsprechende

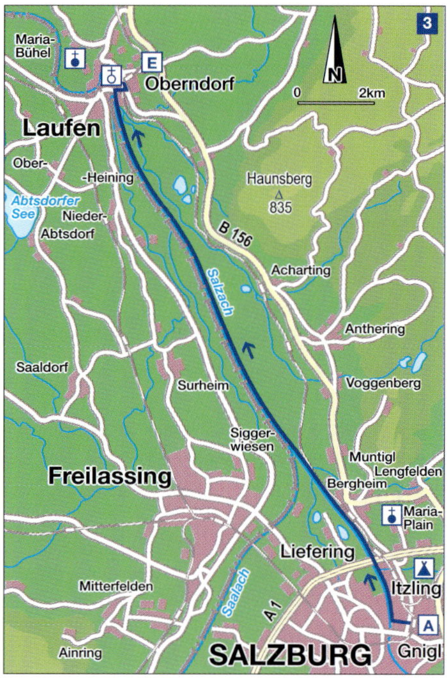

Im Radlerparadies vor den Toren der Mozartstadt.

Abzweigungen sind gut beschildert. Auch gibt es regelmäßig eine Möglichkeit, rechts an die parallel verlaufende Lokalbahnlinie abzubiegen.
Informationstafeln weisen auf das »Radlerparadies vor den Toren der Festspielstadt Salzburg« hin. So nennen sich die kleinen Orte nördlich von Salzburg, die über ein gut ausgebautes und markiertes Radwegenetz verfügen.
Der Radweg verläuft immer geradeaus am Fluß entlang, bis man zu einer scharfen Rechtskurve kommt, die zu einer schmalen Holzbrücke über einen Seitenarm der Salzach führt. Hier muß man das Rad kurz schieben, und anschließend fährt man kurz steil hinauf zu einer Gemeindestraße, die in das Zentrum von **Oberndorf** führt.
Der kleine Ort Oberndorf liegt an der Salzachschlinge gegenüber der bayerischen Grenzstadt *Laufen*. Bis 1816 war Oberndorf ein Vorort von Laufen, das damals noch zu Salzburg gehörte. Und seither gibt es auf der Laufener Brücke eine Grenzabfertigung. Weltberühmt wurde der kleine Ort durch die erstmalige Aufführung des Weihnachtsliedes »Stille Nacht, heilige Nacht« im Jahre 1818. Der Oberndorfer Joseph Mohr und der Halleiner Franz Xaver Gruber schrieben es am Vortag des Heiligen Abends in aller Eile,

als sie bemerkten, daß die Orgel in der Kirche nicht funktionierte und man daher auf ein Lied mit Gitarrenbegleitung ausweichen mußte. Die alte Pfarrkirche, in der das Lied erstmals erklang, wurde leider in den zwanziger Jahren abgerissen, heute erinnert die 1937 am Standort der alten Kirche errichtete »Stille-Nacht-Kapelle« an das Lied, das von Oberndorf aus in die ganze Welt ziehen sollte.
Im Ortszentrum bleibt man auf dem Radweg am Ufer und überquert die Straße, die links über die Salzachbrücke nach Bayern führt. Dann folgt man den grünen Wegweiser zur **Stille-Nacht-Kapelle** und fährt rechts vom Uferdamm ab. Die Erinnerungskapelle steht in einem kleinen Park, links daneben befindet sich das Gebäude der Tourist Information, in der auch ein kleines Museum untergebracht ist. Hier wird neben der Geschichte des berühmten Weihnachtsliedes auch von der Salzachschiffahrt erzählt. Sie war früher der wichtigste Wirtschaftszweig für Oberndorf, wo vor der Salzachschlinge eine Umladestation für die Salztransporte aus Hallein eingerichtet war. Noch heute werden auf Nachbauten der historischen Plätten Touristen mit dem Salzschiff von Anthering nach Oberndorf befördert. Für die Rückreise bietet sich die Salzburger Lokalbahn an, die von der Station Oberndorf zum Hauptbahnhof fährt. Radmitnahme ist auf allen Zügen möglich.

Information
• Salzburg Information, A-5020 Salzburg, Auerspergstr. 7, ✆ 0662/88987-0, Fax 88987-32.
• Fremdenverkehrsverband A-5101 Bergheim, ✆ 0662/454505, Fax 454505-75.
• Fremdenverkehrsverband A-5102 Anthering, ✆/Fax 06223/2279.
• Fremdenverkehrsverband A-5110 Oberndorf, ✆ 06272/7569, Fax 7569-4.

Fahrradverleih
• Salzburg: siehe Tour 1.
• Bergheim: ÖMV-Tankstelle Burghofer, Oberndorfer Straße 10, ✆ 0662/450611.

Fahrradreparatur
• Bergheim:ÖMV-Tankstelle Burghofer, Oberndorfer Straße 10, ✆ 0662/450611.
• Anthering: Autohaus Anthering, Salzburger Straße 23, ✆ 06223/2208.
• Oberndorf: Fa. Fröschl, Salzburger Straße 148, ✆ 06272/4231.
• Fa. Höfelsauer, Salzburger Straße 21, ✆ 06272/7224.

Übernachtungen unterwegs
• Salzburg: siehe Tour 1.
• Anthering: Waldpension zur Hammerschmiede****, Acharting 22, ✆ 06223/2503, Fax 2503-77.
• Hotel Ammerhauser****, Dorfstraße 1, ✆ 06223/2204, Fax 2204-62.
• Oberndorf: Hotel Salzachhof**, Brückenstraße 14, ✆ 06272/4246.

Urlaub am Bauernhof:
• Salzburg: siehe Tour 1.
• Anthering: Kirschberghof, Fam. Hillerzeder, Würzenberg 13, ✆ 06223/2532.

Einkehrmöglichkeiten
• Oberndorf: Gasthaus zur Bahn, Salzburger Straße 44, ✆ 06272/4221.
•Siehe auch Hotels und Gasthöfe unter Übernachtungen unterwegs.

Highlights
• Salzburg: siehe Tour 1.
• Oberndorf: Stille-Nacht-Gedächtnis-Kapelle, Führungen ✆ 06272/7569.
• Heimatmuseum Bruckmannhaus, Stille Nacht Gedenkstätte und Salzachschifffahrt, geöffnet täglich 9-12 und 13-17 Uhr, ✆ 06272/7569.

Karten
Traum Radwanderkarte Salzburger Alpenvorland 1:50.000, erhältlich bei allen Fremdenverkehrsverbänden.

4 Durchs Trumer Seen-Land

Ausgangsort
Mattsee.

Zielpunkt
Wie Ausgangspunkt.

Anreise/Abreise
PKW: Über die Landesstraße von Salzburg (Autobahnabfahrt Salzburg Nord) oder – aus Richtung Wien kommend – von Eugendorf (Autobahnabfahrt Wallersee) nach Obertrum und Mattsee.
Bus: Vom Bahnhof Salzburg stündliche Busverbindungen nach Obertrum und Mattsee.

Tourenlänge
16 km.

Steigung
Keine.

Eignung für Kinder
Für Kinder ab 7 Jahren geeignet.

Günstigste Jahreszeit
Mai bis September.

Wegcharakter
Asphaltierte Radwege; Hauptstraße.

Wegmarkierung
Von Mattsee bis Obertrum »Salzkammergutradweg« in weißer Schirft auf grünen Tafeln, von Obertrum nach Mattsee lokale Wegweiser am Radweg.

Empfohlener Radtyp
Mit allen Fahrradtypen befahrbar.

Besonderheiten
Mehrere schöne Strandbäder an allen drei Seen; Stiftskirche und -museum in Mattsee; Bajuwaren-Freilichtschau in Mattsee, Freilichtmuseum »Kugelmühle« in Seeham.

Kombination
Keine.

Die drei Ferienorte nördlich der Stadt Salzburg, **Mattsee, Seeham** und **Obertrum,** bilden das Trumer Seen-Land. Ein schöner Radweg verbindet die drei Orte und führt an vielen Badeplätzen vorbei. Ausgangspunkt der Tour kann jeder der drei Orte sein, die folgende Routenbeschreibung beginnt in *Mattsee.*

Der Ort liegt auf einer Halbinsel, die östlich vom Mattsee und westlich vom Obertrumer See begrenzt wird. Die ehemalige **Benediktinerabtei** aus dem 8. Jahrhundert beherbergt heute ein sehenswertes Stiftsmuseum, die frühgotische **Stiftskirche** wurde im 17. Jahrhundert barockisiert.

Mattsee war vor einigen Jahren Schauplatz der Landesausstellung »Die Bajuwaren«. Daher stammt ein kleines **Freilichtmuseum** mit einer Rekonstruktion eines bajuwairschen Gehöftes aus dem 7. Jahrhundert.

Mitten im Ort gibt es ein Strandbad mit Segelschule und Bootsverleih.

Auf dem Radweg bei Mattsee, dem größten der drei Orte an den Trumer Seen.

Das Trumer-Seen-Land aus der Vogelperspektive: Mattsee, Obertrumer See und Grabensee.

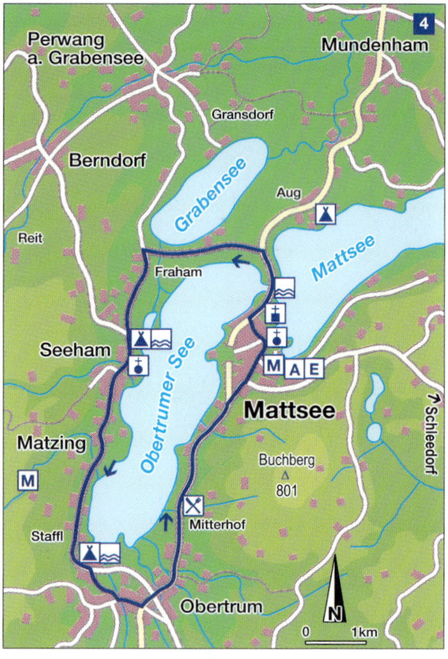

Der Radweg führt über den verkehrsberuhigten *Marktplatz* links am Gasthof Postkutsche vorbei. Beim Surfplatz kommt man an die *Mattseer Landesstraße* und folgt dem Radweg bis zu einer Abzweigung links nach *Seeham*. Hier biegt man ab und folgt dem rechts der Straße verlaufenden Radweg, der zwischen dem Obertrumer- und dem Grabensee entlangführt.

Über zwei kleine Holzbrücken kommt man zu einer Kreuzung mit der Landesstraße nach Perwang. Kurz fährt man Richtung *Perwang* am Radweg und dann nach links in den Ortsteil Fraham. Danach beginnt wieder ein rechts neben der Straße verlaufender Radweg nach *Seeham.* Auch hier findet sich im Ortszentrum ein sehr schönes **Strandbad.** Ein Ausflug

lockt zur **»Kugelmühle«** neben dem Naturdenkmal Wildkarwasserfall, wo in der Saison jeden Vormittag vom Müller auf traditionelle Art mit Hilfe der Wasserkraft Murmeln erzeugt werden.
Im Ort gibt es keinen Radweg, man fährt auf der an Ausflugswochenenden stark befahrenen Landstraße weiter und findet ab Ortsende wieder einen Radweg Richtung *Obertrum.* Für 1997 ist die Fertigstellung des letzten noch fehlenden Teilstückes dieses Radweges ab dem Ortsteil Matzing angekündigt. Am Ortsanfang von Obertrum nimmt man die erste Abzweigung rechts und biegt dann links ins Zentrum ein.
Der kleine Ort ist weithin für sein exzellentes Bier berühmt, das in der Privatbrauerei Sigl mitten im Ort gleich gegenüber dem Braugasthof mit seinem gemütlichen Gastgarten gebraut wird. Besonders das Pils gilt als eines der besten seiner Art in Österreich.
Von Obertrum nimmt man die Ausfahrt Richtung *Mattsee*, biegt bei der großen Straßenkreuzung vorsichtig links ein und fährt dann bald wieder auf einem Radweg links neben der Landesstraße.
Über einen kleinen Hügel kommt man in den Ortsteil Mitterhof und an einem Ausflugsgasthof vorbei. Dann geht es leicht bergab bis zur Abzweigung nach *Mattsee* und somit zurück an den Ausgangspunkt oder rechts bergauf der Beschilderung »Salzkammergutradweg« folgend weiter Richtung *Köstendorf*.

Information
• Trumer Seen-Land, A-5163 Mattsee, ✆ 06217/6080, Fax 7421.

Fahrradverleih und Radreparatur
• Mattsee: Fa. Grabner, Nr. 237, ✆ 06217/5383.
• Obertrum am See: Sport Brandstätter, ✆ 06219/6210.

Übernachtungen unterwegs
• Mattsee: Gasthof Fürst***, Aug 105, ✆ 06217/5400.
• Gasthof Grabensee***, Fraham 201, ✆ 06217/5384.
• Seeham: Hotel Walkner***, Nr. 124, ✆ 06217/5550, Fax 5550-22.
• Gasthof Altwirt***, Nr. 1, ✆ 06217/5522 od. 6120.
• Obertrum am See: Gasthof Neumayr***, Dorfplatz 8, ✆ 06219/6302.

Urlaub am Bauernhof:
• Mattsee: Hoferbauer, Fam. Gschaider, Mitterhof 18, ✆ 06217/5572.
• Jackenbauer, Fam. Unseld, Fraham 40, ✆ 06217/7849.
• Seeham: Pension Stiedlbauerhof, Fam. Oitner, Dürnbergstraße 26, ✆/Fax 06217/5303.

Camping
• Mattsee: See-Camping Jocham, ✆ 06217/7322.
• Seeham: Wimmer, ✆ 06217/7297.
• Obertrum am See: Strand Camping, Staffl, ✆ 06219/6442, 6263 od. 6435.

Highlights
• Mattsee: Stift, ehem. Benediktinerabtei, 770 gegründet. Stiftskirche mit reicher Stuckdecke (um 1700) und Schnitzwerken aus der Guggenbichler-Werkstatt. Stiftsmuseum, u.a. Tafelzimmer, Stiftsbibliothek und astronomische Uhr (1704), geöffnet Mitte Juni–Mitte September, Dienstag–Samstag 16–19 Uhr, Sonn- u. Feiertage auch 10–12 Uhr, ✆ 06217/7429, 6083 od. 5202.
• Bajuwaren-Freilichtschau Juni–August täglich 14–17 Uhr, Mai u. September nur Samstag, Sonn- und Feiertag, bei Schlechtwetter geschlossen, ✆ 06217/5318 u. 7885.
• Seeham: Freilichtmuseum »Kugelmühle« frei zugänglich, im Juli und August ist am Montag und Freitag von 9.30 bis 11.30 Uhr der Kugelmüller anwesend.

Karten
Traum Radwanderkarte Salzburger Alpenvorland 1:50.000, erhältlich bei allen Fremdenverkehrsverbänden.

5 Auf dem Salzkammergutradweg nach Mondsee

Ausgangsort
Salzburg.

Zielpunkt
Mondsee.

Anreise/Abreise
PKW: Salzburg ist über die Autobahn ideal erreichbar, ebenso Mondsee (Westautobahn A1).
Bahn: Die Busse der Linie Salzburg-Mondsee verkehren im Stundentakt.

Tourenlänge
32 km.

Steigung
Kurze Steigungen bei Hallwang und Kraiwiesen.

Eignung für Kinder
Für Kinder ab 7 Jahren geeignet

Günstigste Jahreszeit
April bis Oktober.

Wegcharakter
Leichte Route auf Radwegen und meist verkehrsarmen Nebenstraßen.

Wegmarkierung
»Salzkammergutradweg« bis zur oberösterreichischen Grenze, dann »Mondseelandweg« auf grünen Tafeln mit weißer Schrift.

Empfohlener Radtyp
Mit allen Fahrradtypen befahrbar.

Besonderheiten
Route verläuft teilweise auf der Trasse der ehemaligen Ischler Bahn; Bademöglichkeit in Thalgau und Mondsee.

Kombination
Mit Tour 7, wenn man über den Hügel zwischen Scharfling und St. Gilgen radelt.

Der Salzkammergutradweg führt von der *Mozartstadt Salzburg* in das prächtige Seengebiet östlich der Stadt, das zwischen den Bundesländern Salzburg, Oberösterreich und Steiermark aufgeteilt ist. Der Ausflug nach Mondsee verbindet den Besuch eines kulturhistorisch hochinteressanten Ortes mit der Möglichkeit zum Baden am gleichnamigen See. Seinen Namen hat der Mondsee übrigens seiner sichelförmgen Form zu verdanken, die an einen Halbmond erinnert.
Vom *Hauptbahnhof in Salzburg* radelt man über die »ewige Baustelle« am Bahnhofsvorplatz (hier wird mit großem finanziellen Aufwand die Endstation der Salzburger Lokalbahn unter die Oberfläche verlegt) schräg rechts in die *Jahnstraße*, die direkt an die Salzach führt. Weiter geht es am Radweg am rechten Salzachufer flußabwärts in nördlicher Richtung aus der Stadt hinaus, bis man kurz vor der Autobahnbrücke zu einer gut beschilderten Abzweigung zum *Salzkammergutradweg* kommt. Geradeaus geht es am *Tauernradweg* weiter bis Passau, rechts führt der Salzkammergutradweg am Alterbach entlang, der dann in die Salzach mündet. Hier beginnt auch die Beschilderung mit den grünen Tafeln und der roten Werbeaufschrift »Salzburger Land«. So kommt man in den Stadtteil Itzling, fährt unter der Bundesstraße 156 und der Lokalbahntrasse durch und schlängelt sich unter diversen Straßen und Bahnbrücken unter dem Autobahnknoten Salzburg Nord durch.
Der Radweg verläuft nun links neben der Landstraße bis zu einer Gabelung, wo wir uns halbrechts halten und die Samstraße überqueren. Nochmals unter einer Bahnbrücke hindurch kommt man nun an den Beginn des neuen Radwegs, der auf der Trasse der ehemaligen Ischler Bahn entstanden ist. Es geht sanft bergauf, immer

gleichmäßig, denn die schnaufenden Dampflokomotiven der früher hier verkehrenden Schmalspurbahn liebten starke Steigungen ebensowenig wie wir Genußradler.

Die **Ischler Bahn** verband seit 1891 über viele Jahrzehnte Salzburg und Bad Ischl, das Herz des oberösterreichischen Salzkammerguts und kaiserliche Urlaubsdomizil. Anekdoten und Volkslieder besingen die gemütliche Bimmelbahn, bei der angeblich Schilder die Fahrgäste davor warnten, daß das Blumenpflücken während der (meist beschaulich langsamen) Fahrt verboten sei. 1957 erklärten wenig weitblickende Politiker anläßlich der Einstellung des Betriebes der damals unrentablen Nebenbahn, die Zeit des Bahnfahrens sei nun vorbei, denn schließlich hätte man nun endlich die »Vollmotorisierung« erreicht. Heute wäre man froh, wenn es dieses sympathische Nahverkehrsmittel noch gäbe.

Am Radweg gelangt man nun über eine alte Brücke nach **Hallwang** und kommt am Gourmetrestaurant »Pfefferschiff« vorbei. Dann quert der Weg eine Vorrangstraße und führt in einer langgezogenen Kurve leicht bergauf in ein Waldstück, rechts unten liegt der Ortsteil *Mayrwies.* Der Radweg kreuzt einige Querstraßen in einer kleinen Siedlung (Vorsicht, Anliegerverkehr!), dann kommt man zu dem weithin sichtbaren gemauerten **Autobahnviadukt**, der zum ältesten Abschnitt der Westautobahn gehört und ein interessantes Beispiel für den Brückenbau vor der Einführung der Spannbetontechnik darstellt.

Über weiterhin leicht ansteigende Felder kommt man nach **Eugendorf,** wo sich mehrere Möglichkeiten zu einer Rast bieten. Sehr empfehlenswert sind die typischen Landgasthöfe, die Alt und Jung in Eugendorf einladen und direkt an der Route liegen: im Zentrum neben der Kirche der Holznerwirt, dann weiter am nördlichen Ortsende erst Santner's Einkehr, dann der Gastagwirt und der Gschirnwirt, alle bekannt für typische Salzburger Hausmannskost in gediegener Umgebung.

Der Radweg biegt an der südlichen Ortseinfahrt nach links ab und führt dann rechts durch den *Dürrnbichlweg* ins Zen-

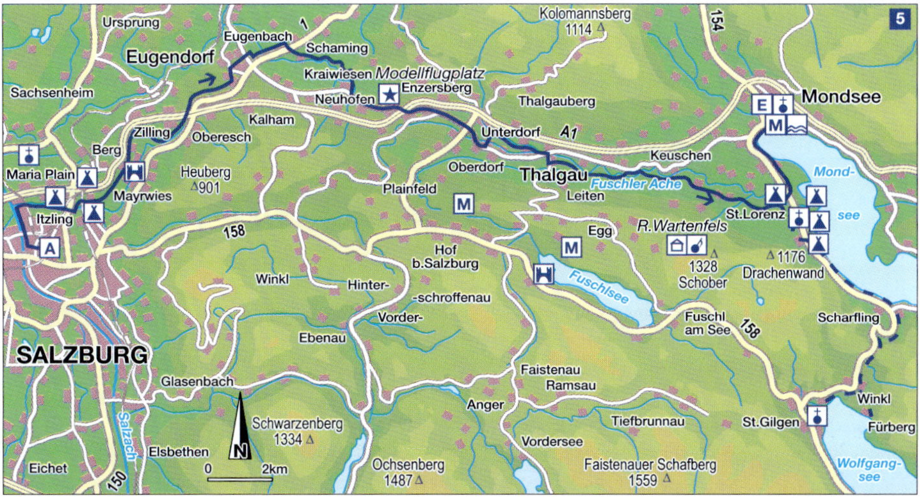

Bis 1957 dampfte hier die Schmalspurbahn nach Bad Ischl: Auf der ehemaligen Ischler-Bahn-Trasse fahren jetzt die Radler von Salzburg nach Eugendorf.

trum. Nach der Kirche biegt man rechts ab und fährt trotz des Sackgassenschildes in die *Feldgasse* und links hinter die Garagenboxen. Hier versteckt sich ein schmaler Fußgängertunnel unter der Bundesstraße, der uns auf eine Nebenstraße bringt, die den Ort nun in nördlicher Richtung verläßt. Vorbei an den erwähnten Gasthöfen radelt man bis zur *Lindensiedlung*, wo man rechts zu einer Unterführung Richtung *Unzing* abbiegt.
In langgezogenen Kurven geht es jetzt auf einer verkehrsarmen Nebenstraße an einigen Bauernhöfen vorbei, bis rechts eine Abzweigung nach Kraiwiesen an die stark befahrene *Thalgauer Landesstraße* führt, die links noch bis zum Ortsende von einem Radweg begleitet wird. Dann muß man allerdings für etwa 5 Kilometer vorsichtig auf der Landstraße radeln. Eine kurze Steigung führt auf eine bewaldete Kuppe, wo ein orangerotes Flugzeug nach links zum nahe gelegenen *Modellflugplatz* weist. Bei gutem Wetter sind hier fast immer begeisterte Modellflugzeugbesitzer anzutreffen, die sich über Zuschauer bei ihrem Hobby freuen.
Geradeaus weiter geht es nun bergab, vorbei an der Abzweigung nach *Plainfeld* und am Compact-Disc-Werk von Sony, dann unter dem Autobahnzubringer Thalgau durch in den Ortsteil **Unterdorf**. Links steht direkt an der Straße ein Bauernhof mit 24-Stunden-Milchverkauf ab Hof. Der findige Landwirt hat vor einigen Jahren einen Automaten konstruiert, den er stets mit gekühlter Frischmilch füllt, wo man sich gegen eine 10-Schilling-Münze bei Selbstbedienung in ein mitgebrachtes Gefäß einen Liter Milch zapfen kann. Der Erfolg war so groß, daß der Bauer inzwischen eine Serie von mehreren hundert Stück dieser Geräte produziert und an Kollegen in ganz Österreich verkauft hat.
Ab hier kann man entweder auf der Hauptstraße ins Dorfzentrum radeln oder links Richtung *Irlach* den Radwegweisern folgen, die über einen kleinen Umweg, aber dafür verkehrsarm ebenfalls nach *Thalgau* leiten.
Vorsicht bei der Ortsdurchfahrt: Hier gibt es eine gefährliche Engstelle kurz nach der Abzweigung rechts zum Schwimmbad! Das **Schwimmbad** hat neben einem modernen Schwimmbecken auch einen weitgehend naturbelassenen Teich zum Baden anzubieten, der vom Wasser der vorbeifließenden Fuschler Ache gespeist wird und in dem sich neben den Badegästen sogar Fische friedlich tummeln.
Der Ort Thalgau gehört zu den schnell

wachsenden Gemeinden im Umland von Salzburg, wovon die vielen neuerbauten Siedlungen zeugen. Mitten im Zentrum folgt die Radroute bei der Weggabelung kurz dem rechten Straßenast Richtung *Fuschl* und bleibt dann gleich geradeaus auf einer Gemeindestraße, die an den Schulgebäuden vorbeiführt. Diese wenig befahrene Straße verläuft nun entlang der Fuschler Ache, bis links ein Feldweg ans andere Ufer des Baches und zurück an die Thalgauer Landesstraße führt. Für 200 Meter biegen wir jetzt rechts auf die stark befahrene Straße ein und überqueren die Landesgrenze zwischen Salzburg und Oberösterreich (einen durchgehenden Radweg über diese Grenze hinweg haben die Politiker noch nicht zuwege gebracht). Die Beschilderung erfolgt jetzt auf grünen Tafeln ohne Werbeaufschrift mit der Bezeichnung »Mondseelandweg«. Gleich nach der Landesgrenze hat man die Wahlmöglichkeit. Links zeigt ein Wegweiser nach Mondsee. Diese Route über den beliebten Gasthof Ölgraben ist allerdings wegen mehrerer kurzer, aber steiler Anstiege kein reines Genußradeln.
100 Meter weiter auf der Landstraße kommt man zu einer Abzweigung rechts Richtung *Scharfling* und zur Pension Anna. Dies ist die etwas weitere, aber empfehlenswertere Route. Auf verkehrsarmen Nebenstraßen radelt man nun am Fuße des markanten **Schober** (1328 m) und der **Drachenwand** (1176 m) entlang.
Wer Lust auf eine Wanderung hat, folgt den Wegweisern zur Pension *»Christl am Schober«* (etwa 3 Kilometer steil bergauf) und kann von dort zu Fuß in 1,5 Stunden Gehzeit die Ruine **Wartenfels** erreichen, von wo man einen prächtigen Panoramablick auf die Seen des Salzkammerguts hat.
Die Radroute führt weiter Richtung Scharfling, bei der malerischen kleinen Kirche von **St. Lorenz** mit ihren zwei Türmchen

Im Naturbad in Thalgau schwimmen auch die Fische der Fuschler Ache. Das Wasser des Baches wird einfach durch den Pool geleitet.

verläßt man die Route und biegt links Richtung *Mondsee* ab. Einen Blick sollte man noch zur *Drachenwand* riskieren, wo man in Kammnähe ein großes Loch im Fels erblickt, durch das der Sage nach der namengebende Drache geflüchtet sein soll. An der Skistockfabrik Komperdell vorbei kommt man zu einer Unterführung unter der Bundesstraße 154 und folgt einem Feldweg, der zwischen Straße und See durch den Ortsteil **Schwarzindien** Richtung Ortszentrum von **Mondsee** verläuft. Die letzten Meter verläuft der Radweg auf dem Gehsteig an der B 154. Man bleibt immer rechts und kommt direkt zur Einfahrt zum weitläufigen **Strandbad**. Hier gibt es auch einen Verleih für Ruder-, Segel- und Elektroboote sowie zweimal pro Woche während der Saison abendliche Wasserskivorführungen mit anschließendem Feuerwerk. Links biegt eine als Naturdenkmal geschützte alte Allee ins Ortszentrum ab. Das Zentrum von Mondsee ist während der Sommermonate Fußgängerzone (Schieben von Fahrrädern erlaubt).

Die **Kirche** von Mondsee geht auf eine Stiftung des Bayernherzogs Odilo aus dem Jahre 748 zurück, das ehemalige **Benediktinerkloster** ist die zweitälteste christliche Klostergründung Österreichs. Das Kloster wurde unter Josef II. aufgelöst und in ein Schloß umgewandelt. In den letzten Jahren wurden die Gebäude renoviert. Sie stehen jetzt als Ferienwohnungen zum Verkauf. Außerdem befindet sich im alten **Schloß** ein Veranstaltungszentrum mit vielen interessanten Kulturevents während der Saison.

Die berühmte Kirche von Mondsee wurde im 18. Jahrhundert barockisiert und beherbergt gleich sieben Altäre von Meinrad Guggenbichler. Im Hollywood-Film über das Schicksal der singenden Familie Trapp, »The Sound of Music«, der fünf Oscars gewann, findet die Hochzeit zwischen Maria (Julie Andrews) und Georg von Trapp (Christopher Plummer) in dieser Kirche statt. Grund genug für jährlich Tausende amerikanischer und japanischer Touristen, dem Ort einen Besuch abzustatten.

Zurück nach Salzburg kommt man auf der gleichen Route oder mit dem stündlich verkehrenden Postautobus (Mitnahme von maximal sechs Fahrrädern gegen Gebühr bei den meisten Bussen möglich). Eine Kombinationsvariante ergibt sich mit

Information

- Salzburg Information, A-5020 Salzburg, Auerspergstraße 7, © 0662/88987, Fax 88987-32.
- Fremdenverkehrsverband A-5301 Eugendorf, © 06225/8424, Fax 7773.
- Fremdenverkehrsverband A-5303 Thalgau, © 06235/7350, Fax 6128.
- Tourismusverband Mondseeland, A-5310 Mondsee, © 06232/2270, Fax 4470.

Fahrradverleih und Radreparatur

- Salzburg: siehe Tour 1.
- Thalgau: ÖMV Tankstelle Haslacher, © 06235/7347, Fax 7347-4.
- Mondsee: Bike Velofant, bei der Segelschule Mondsee, © 06232/2175.
- Radsport Hofer, Herzog-Odilo-Straße 52, © 06232/3121.

Übernachtungen unterwegs

- Salzburg: siehe Tour 1.
- Eugendorf: Gasthof Gastagwirt****, Alte Wiener Straße 37, © 06225/8231, Fax 8293.
- Landhotel Santner***, © 06225/8214-0, Fax 8214-30.
- Gasthof Gschirnwirt***, Alte Wiener Straße 49, © 06225/8229, Fax 8229-39.
- Mondsee: Hotel Leitnerbräu****, Steinerbachstraße 6, © 06232/6500, Fax 6500-22.
- Gasthof zur Grünen Eiche, Keuschen 53, © 06232/2130.

Urlaub am Bauernhof:

- Salzburg: siehe Tour 1.

der Tour 7 rund um den Wolfgangsee, wenn man bei der Kirche von St. Lorenz weiter Richtung Scharfling und dann nach *St. Gilgen* fährt. Allerdings muß man dafür ab dem Gasthof Eschlböck an der Bundesstraße radeln und den etwa 2 Kilometer langen Anstieg zur **Scharflinger Höhe** (607 m) bewältigen. Danach kann man entweder bis zur ersten Abzweigung an das Seeufer bei St. Gilgen weiterradeln oder schon vorher links nach Fürberg abbiegen und von dort per Schiff nach St. Wolfgang oder St. Gilgen weiterreisen.

- Thalgau: Wörndlgut, Fam. Grubinger, Unterdorf 28, ✆/Fax 06235/5203.
- Kreuzingerhof, Fam. Winkler, Vetterbach 11, ✆ 06235/7479.
- Waidachhof, Fam. Aichriedler, Leithen 6, ✆ 06235/5691.
- Mondsee-Keuschen: Neuhauserhof, Fam. Schwaighofer, Keuschen 10, ✆ 06232/3095.

Jugendherberge:

- Jugendherberge Mondsee, Krankenhausstraße 9, ✆ 06232/2418.

Camping

- Salzburg: siehe Tour 1.
- Stabauer, St. Lorenz 347, ✆ 06232/2915

Einkehrmöglichkeiten

- Siehe Hotels und Gasthöfe unter Übernachtungen unterwegs.
- Stabauer, St. Lorenz 347, ✆ 06232/2915.

Highlights

- Salzburg: siehe Tour 1.
- Mondsee: Stiftskirche des ehem. Benediktinerstiftes, Führungen ✆ 06232/4166.
- Österr. Pfahlbau- und Heimatmuseum in der ehem. Klosterbibliothek, Ende April–Ende September täglich 9–18 Uhr, im Oktober bis 17 Uhr, ✆ 06232/2346.

Karten

Freytag & Berndt Wander- und Radkarte 1:50.000, Nr 391.

6 Durch die Strubklamm zum Hintersee und nach Faistenau

Ausgangspunkt der Tour ist eigentlich der kleine Ort **Ebenau** östlich von Salzburg. Leider führt dorthin aus der Stadt Salzburg kein Radweg, sondern nur die stark befahrene Grazer Bundesstraße. Man sollte daher mit dem Auto anreisen, von Salzburg Richtung *Graz/St. Gilgen* fahren und nach 10 Kilometern rechts Richtung *Ebenau/Hallein* abbiegen.

Nach einem Kilometer liegt rechts ein großer *Parkplatz,* wo man auf das Fahrrad umsteigen kann.

Jetzt rollt man leicht bergab vorerst auf der Wiestalstraße Richtung *Ebenau,* bald beginnt rechts ein Radweg neben der Straße und führt am Gasthof Schroffengut vorbei. Kurz danach zweigt bei einem kleinen Holzhaus rechts ein Wanderweg in die Plötz ab. Hier stehen hintereinander vier **historische Mühlen**, die nach der Restaurierung wieder funktionsfähig sind. Am Talschluß kommt man dann zu einem wildromantischen Wasserfall (Gehzeit hin und zurück etwa 45 Minuten).

An der Ortseinfahrt von **Ebenau** endet der Radweg. Man fährt durch das neugestaltete Ortszentrum am Schnitzelwirt vorbei und kurvig zwischen *Gemeindehaus* und Postamt durch zum Ebenauerhof. Das Gemeindehaus befindet sich in einem alten Gewerkenhaus, das an die Zeit erinnert, als hier eine blühende metallverarbeitende Kleinindustrie angesiedelt war. Mit der im Überfluß vorhandenen Wasserkraft wurden Hammerwerke betrieben, die Ebenauer galten als hervorragende Waffenschmiede.

Am Ortsende muß man vorsichtig für rund einen Kilometer auf die stärker befahrene *Wiestalstraße* einbiegen. Nach

Durch die Strubklamm zum Hintersee

Ausgangsort
Ebenau.

Zielpunkt
Hintersee.

Anreise/Abreise
PKW: Von der Autobahnabfahrt Thalgau (Westautobahn A1) bzw. aus Richtung Süden von der Autobahnabfahrt Hallein (Tauernautobahn A 10) nach Ebenau bzw. Hintersee.
Bahn: Hauptbahnhof Salzburg, von hier Busverbindung nach Ebenau bzw. Hintersee.

Tourenlänge
21 km (vom Parkplatz Ebenau bis Hintersee).

Steigung
2 km Anstieg (10 %) von Ebenau zur Strubklamm, 1 km Anstieg (12 %) am Rückweg nach Faistenau.

Eignung für Kinder
Für Kinder ab 10 Jahren geeignet.

Günstigste Jahreszeit
April bis Oktober, Wochenenden wegen des starken Ausflugsverkehrs meiden!

Wegcharakter
Radweg bis Ebenau, verkehrsarme Nebenstraßen bis zum Hintersee, Rückreisevariante über Faistenau teilweise mäßig befahrene Landesstraße, Bikeroute durch den Wald.

Wegmarkierung
Nur teilweise (»Rund um den Hintersee« in weißer Schrift auf grünen Tafeln).

Empfohlener Radtyp
Hinweg mit allen Fahrradtypen, Rückreisevariante mit Trekking- oder Mountainbike.

Besonderheiten
Wildromantische Schlucht (Strubklamm) mit schönen Aussichtsplätzen.

Kombination
Mit Route 5.

Rund um den idyllischen Hintersee führen verkehrsfreie Radrouten. Ein Ausflug lockt zur Eiskapelle, wo sogar im Sommer Schnee liegt.

dem Gasthof Obermeier biegt man wieder links ab Richtung *Hintersee*. Nun beginnt auf einer verkehrsarmen, schmalen Asphaltstraße eine 2 Kilometer lange Steigung durch ein Waldstück. Oben liegen links die Gebäude des **Werkschulheimes Felbertal**, Österreichs einziger Privatschule, in der man zugleich mit der Matura auch eine Lehre abschließt. Die meisten Schüler lernen neben ihrer Gymnasialausbildung Tischler oder Elektromechaniker. Gleich nach dem Werkschulheim beginnt die **Strubklamm.** Rechts geht es fast senkrecht in eine wilde Schlucht, am anderen Ufer oberhalb des Felsabbruches verläuft ein Wanderweg, der sogenannte *Metzgersteig* (siehe Seite 37). Die Straße wird jetzt flacher und führt eng an den Fels gedrückt sogar durch einen kurzen Tunnel. Wenn man Glück hat, kann man in diesem Abschnitt an den steilen Hängen der umliegenden Berge Gemsen sehen, die manchmal bis an die Straße

herunterkommen. Vor dem Tunnel sollte man in einer der Ausweichbuchten halten und den atemberaubenden Blick in die Schlucht wagen, die jüngst bei Anhängern des Canyonings (Schluchtenwandern) sehr populär geworden ist.
Eine Abzweigung führt scharf rechts nach 300 Metern zu einer alten **Talsperre**, die Anfang dieses Jahrhunderts für eines der ältesten Wasserkraftwerke Salzburgs errichtet wurde. Man kann mit dem Rad über die Talsperre fahren und den Ausblick in die Schlucht genießen. Ein Denkmal erinnert an die beim Bau der Sperre verunglückten Arbeiter.
Die Route führt aber an der Straße weiter vorbei am Gasthof Strubklamm mit seiner gemütlichen Holzveranda und weiter zu einer Abzweigung, wo es links nach *Faistenau* geht. Hier hält man sich weiterhin geradeaus, sporadisch stößt man nun auf grüne Radwegweiser mit dem Routennamen »*Rund um den Hintersee*«. Die Straße ist nur zu Wochenenden die Route

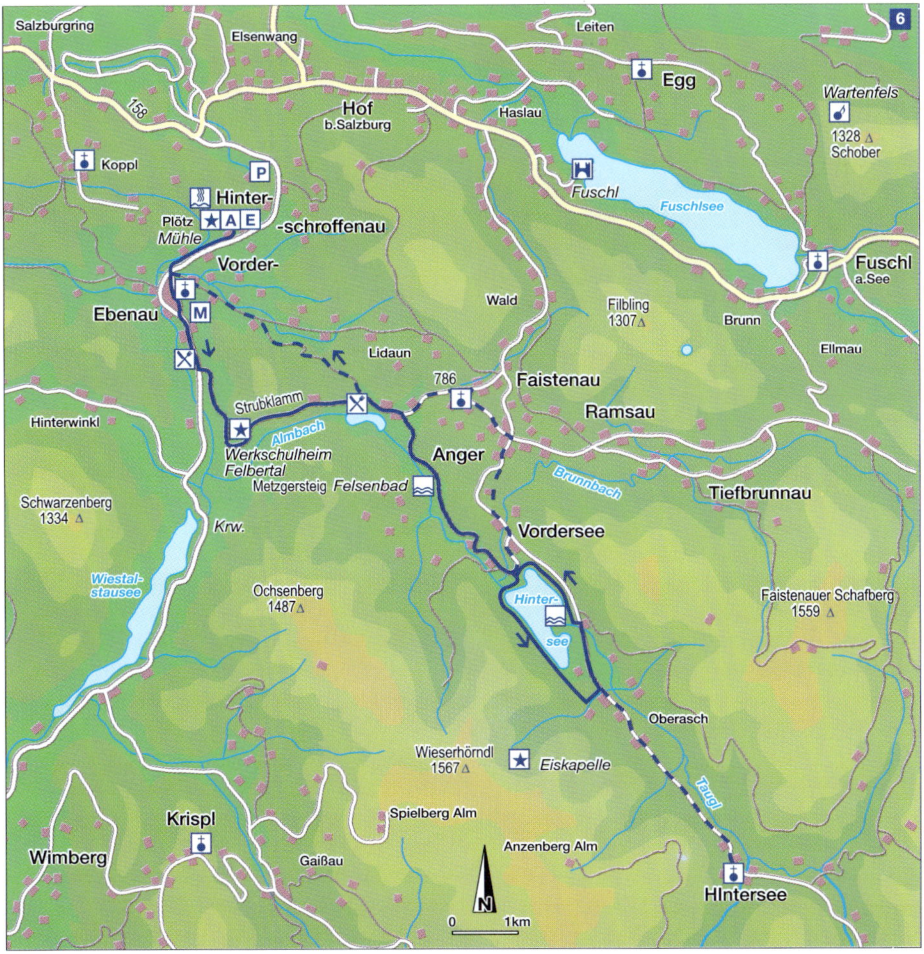

Ein lohnender Ausflug direkt an der Radroute: in die Plötz bei Ebenau mit alten Mühlen und schönem Wasserfall.

vieler Ausflügler aus Salzburg, wochentags ist sie sehr verkehrsarm. Rechts am kleinen Almbach liegt das sogenannte **Felsenbad**, eine Wildbadestelle mit vielen vom Wasser ausgewaschenen kleinen Becken und Stufen. Dann fährt man nach einem Wehr am aufgestauten Bach entlang, der hier eine besonders schöne Grünfärbung aufweist. Schließlich kommt man an der vollbiologischen Kläranlage von Faistenau vorbei, das Tal weitet sich, und man biegt bei einem Parkplatz rechts an den *Hintersee* ab.
Über eine kleine Holzbrücke erreicht man einen gekiesten Forstweg, der am südwestlichen Ufer des Sees im Landschaftsschutzgebiet Hintersee verläuft und dann in ein Waldstück führt. Hier trifft man auf den Wanderweg, der rechts zur sogenannten **Eiskapelle** führt (Gehzeit etwa 30 Minuten). Das Tal führt zu einer schattigen Stelle am Fuße des Wieserhörndls, die auch im Sommer so kühl ist, daß sich die im Frühjahr hier angesammelten Schneemassen nie ganz auflösen. Unter dem »ewigen« Schnee fließt ein Bächlein, das ein kapellenartiges Gewölbe aus dem Eis fräst. Wenn Sie also mitten im Sommer Schnee bestaunen wollen, sollten Sie diesen kleinen Ausflug abseits der Radroute unternehmen.
Die Radroute führt an der Kreuzung mit dem Wanderweg nach links und durch ein Waldstück an die *Hinterseer Landesstraße*. Hier kann man die Runde beschließen und links abbiegen (siehe Rückreisevariante) oder noch 4 Kilometer nach rechts weiterradeln, um das kleine Dorf **Hintersee** mit seinem gemütlichen Gasthof zu erreichen.
Rückreisevariante: Statt denselben Weg zu nehmen, kann man auch über Faistenau zurückkehren (etwas Kondition und zumindest Trekkingbikes vorausgesetzt). Dazu bleibt man von Hintersee kommend auf der Landesstraße und fährt rechts am See vorbei. Wo der leichte Anstieg beginnt, liegt links ein hübscher Badeplatz am See, dessen kristallklares Wasser allerdings meist recht frisch ist. Im Ortsteil Vordersee folgt man dann der Wegweisung »*Faistenau 200*«, biegt rechts in den Wald ab, um dann links einen ziemlich steilen Kiesweg hinaufzutreten. Nach gut einem Kilometer Steigung erreicht man eine kleine Asphaltstraße, die durch ein Wohngebiet und dann wieder an die Landesstraße führt. Nach kurzer Zeit zweigt links die Ortseinfahrt nach Faistenau ab. Nochmals geht es bergauf, bis man bei der uralten Linde neben der Kirche des

kleinen Ortes landet. Hier biegt man links ab, kommt an der Tourist Information vorbei und fährt dann auf einer verkehrsarmen Nebenstraße bergab. Den grünen Radwegschildern folgend kommt man am Fußballplatz vorbei und kurvt recht steil hinunter in das Tal des Almbaches, das man schon von der Anreise kennt.
Man biegt rechts Richtung Strubklamm ab und kann nach 500 Metern rechts der Wegweisung nach *Lidaun/Ebenau* folgen. Diese Route ist eine sehr schöne Bikerstrecke, die auf teilweise holprigen Forstwegen erst nach Lidaun und dann links dem Scharzaubach folgend nach Ebenau führt. Etwas Kondition ist hierfür allerdings Voraussetzung. Als Alternative kann man auch für den Rückweg die Asphaltstraße durch die Strubklamm nehmen.

Der Mord auf dem Metzgersteig

Nach alter Überlieferung hat an der höchsten Stelle des recht ausgesetzt über der Strubklamm verlaufenden Steiges einst ein Metzger seine schwangere Geliebte ermordet. Sie befanden sich auf dem Weg nach St. Wolfgang, als er sie vom Felsen stieß, um sie loszuwerden. Sie konnte sich jedoch an einem Gestrüpp festhalten und flehte um ihr Leben. Sie versprach, niemandem etwas von dem Mordversuch zu erzählen, wenn er sie nur retten wollte. Doch der Metzger schnitt kaltblütig den Zweig ab, an dem seine Geliebte sich in Todesangst festgeklammert hatte. Als er in St. Wolfgang ankam, soll ihm in der Wallfahrtskirche hinter dem Altar das Bild seiner toten Freundin erschienen sein. Daraufhin stellte er sich dem Gericht und bat um seine Bestrafung.

Information
• Fremdenverkehrsverband
A-5323 Ebenau, ✆ /Fax 06221/8055.
• Fremdenverkehrsverband
A-5324 Faistenau, ✆ 06228/2314, Fax 2698.
• Fremdenverkehrsverband
A-5324 Hintersee, ✆ 06224/344, Fax 217.

Fahrradverleih
• Faistenau: Klaushofer,
Anger 33, ✆ 06228/2563.

Fahrradreparatur
• Faistenau: Wörndl,
Ramsau 26, ✆ 06228/2227.

Übernachtungen unterwegs
• Faistenau: Hotel Alte Post, Nr. 5,
✆ 06228/2205-0, Fax 2205-28.
• Gasthof Steinbräu,
Vordersee 35, ✆ 06228/2312.
• Hintersee: Ebner's Ferienhotel, Nr. 4,
✆ 06224/218, Fax 217.

Urlaub am Bauernhof:
• Ebenau: Mühlbauerhof,
Fam. Höpflinger, Vorderschroffenau 1,
✆ 06221/7439.
• Waschlgut, Fam. Oberascher,
Unterberg 5, ✆ 06221/7900.
• Faistenau: Almgut, Fam. Auer,
Alm 10, ✆ 06228/2298.
• Schmiedbauernhof,
Fam. Leitgeb, Ramsau 4,
✆/Fax 06228/2524 od. 2511.
• Oberbramsaugut, Fam. Weißenbacher,
Anger 2, ✆ 06228/2566.

Einkehtmöglichkeiten
• siehe Hotels und Gasthöfe unter Übernachtungen unterwegs.

Highlights
• Ebenau: Plötz mit Wasserfall, Naturbad und alten Bauernmühlen.
• Hintersee: Eiskapelle im Griesbachgraben, Firnfeld (auch im Sommer) mit teilweise bizarren Formen, Naturdenkmal.

Karten
Freytag & Berndt Wander- und Radkarte 1:50.000, Nr 391.

7 Mit Schiff und Rad rund um den Wolfgangsee

Ausgangsort
St. Gilgen.

Zielpunkt
Wie Ausgangspunkt (Benützung der Wolfgangsee-Schiffahrt).

Anreise/Abreise
PKW: Über die B 158 von Salzburg oder über die B 154 von der Autobahnabfahrt Mondsee (Westautobahn A1) nach St. Gilgen. *Bahn:* Vom Hauptbahnhof Salzburg stündliche Busverbindungen nach St. Gilgen.

Tourenlänge
17 km (ohne Schiffsstrecke).

Steigung
Keine.

Eignung für Kinder
Für Kinder ab 7 Jahren geeignet.

Günstigste Jahreszeit
Mai bis Oktober.

Wegcharakter
Radwege, teils durch Bodenmarkierung ausgewiesen, kurze Abschnitte auf gefährlichen Autostraßen

Wegmarkierung
»Salzkammergutradweg« in weißer Schrift auf grünen Tafeln, keine Beschilderung zwischen St. Wolfgang und Ried.

Empfohlener Radtyp
Mit allen Fahrradtypen befahrbar.

Besonderheiten
Fahrt mit Linienschiffen der Wolfgangsee-Schiffahrt; Ortskern von St. Wolfgang mit Hotel »Weißes Rössl« und Pacheraltar in der Pfarrkirche.

Kombination
Mit Route 5.

Der beliebteste See des Salzkammerguts bietet ein ganz besonderes Fahrraderlebnis, kann man doch hier einen Teil der Strecke per Schiff zurücklegen und dabei das Rad mitnehmen. Ausgangspunkt der Tour ist **St. Gilgen**, einst Wohnort von Mozarts Mutter und seiner Schwester Nannerl, heute »Sommerresidenz« des deutschen Bundeskanzlers Helmut Kohl. Die Route beginnt im Ortszentrum, wo oberhalb der Kirche das beliebte Café Nannerl liegt. Bergab radelt man am ehemaligen **Mozart-Wohnhaus** vorbei (heute amtiert hier das Bezirksgericht) und kommt zum Seerestaurant Fischer mit seiner großen Schirmbar. Bei der hier gelegenen Schiffsstation wird die Tour auch enden.
Der *Salzkammergutradweg* führt nun an der Strandpromenade entlang und bleibt in Seeufernähe. Rechts oberhalb sieht man die rotgelben Gondeln der **Zwölferhornbahn**, die auf den beliebten Aussichtsberg führt (1521 m). Links am gegenüberliegenden Seeufer liegt der *Schafberg* (1788 m) mit dem Hotel Schafbergspitze und der am höchsten Punkt errichteten Himmelspforthütte. Beim Ferienhaus Lueg beginnt ein Rad- und Gehweg, der zwischen der B 158 und dem Seeufer entlangführt. So kommt man zum Gasthof Gamsjaga, bleibt weiterhin geradeaus am Radweg neben der Bundesstraße und biegt dann links Richtung *Stockach* in ein Wäldchen ein. Eine geschotterte Nebenstraße führt durch schönen Mischwald Richtung *Aberseehof*. Nach einem Sägewerk biegt man kurz links Richtung See ein und fährt dann gleich rechts auf ein blaues Einfamilienhaus zu, wo der Weg zu enden scheint. Doch kurz davor führt links ein kleiner Pfad um das Haus herum zu einer speziell für Radfahrer erbauten Hängebrücke über den Zinkenbach.

So kommt man in den Ortsteil **Forsthub**, wo links eine weitere Schiffshaltestelle für die Überfahrt nach *St. Wolfgang* liegt. Wer die Tour abkürzen will, kann hier bereits auf das Schiff umsteigen. Die Radroute führt geradeaus weiter und biegt dann bei einem Holzhäuschen links auf einen gekiesten Weg ein, der landschaftlich sehr reizvoll auf der ehemaligen Trasse der Ischler Bahn durch das Blinklinger Moos nach *Strobl* führt. Wer hier nicht abbiegt und geradeaus weiterradelt, kommt an die stark befahrene B 158, an der sich im Ortsteil Gschwendt eine besonders schöne **Sommerrodelbahn** befindet. Zurück sollte man aber wieder auf den Radweg durchs Blinkinger Moos fahren. Beim Sportplatz erreicht man den beliebten Sommerfrischeort **Strobl**, fährt am Radweg durch die Bahnstraße und biegt dann links ins Zentrum ab.
Hier gibt es viele gemütliche Gasthöfe und Seerestaurants sowie ein weitläufiges **Strandbad**. Im Zentrum liegt auch die **Schiffsstation**, wo wir mit dem Linienschiff nach St. Wolfgang übersetzen. So kommen wir direkt ins Ortszentrum von **St. Wolfgang**, wo in der Nähe des aus der Operette bekannten Hotels **»Zum Weißen Rössl«** die Anlegestelle liegt. Hier laden wir unsere Räder wieder aus, müssen sie allerdings durch die Fußgängerzone im Ortszentrum schieben. Vorbei an überquellenden Souvenirgeschäften kommt man zur spätgotischen **Pfarrkirche**, in der sich einer der berühmtesten geschnitzten Altäre Österreichs befindet. Von Michael Pacher im Jahre 1481 geschaffen, wurde der Altar während der Phase der Barockisierung beinahe aus der Kirche verdrängt, als Thomas Schwanthaler und Meinrad Guggenbichler prächtige Barockaltäre und eine neue Kanzel fertigten.
Außerdem gibt es in St. Wolfgang in der Villa Bacher-Rix ein **Puppenmuseum,** in

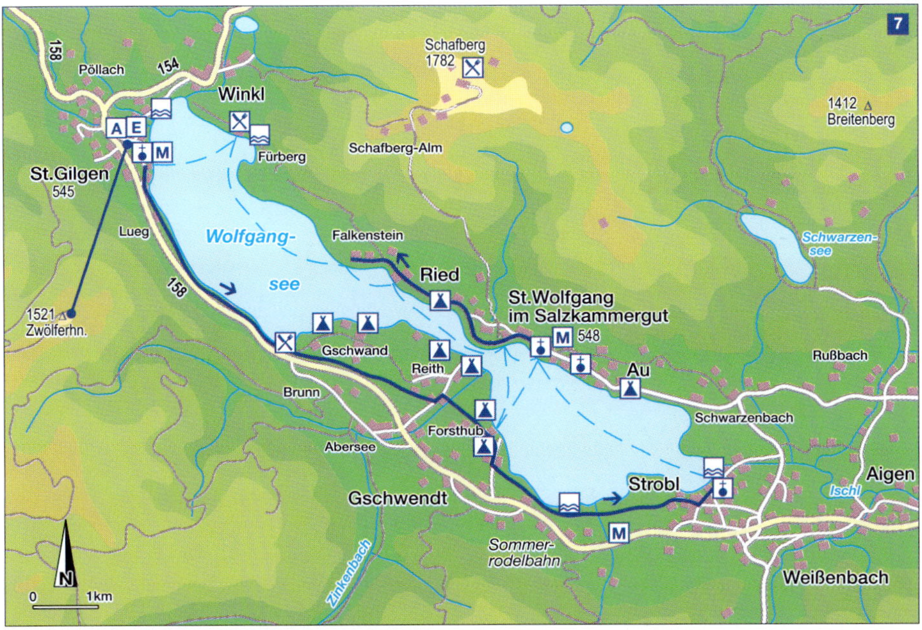

dem etwa 250 alte Puppen aus aller Welt ausgestellt sind.
St. Wolfgang und das nordöstliche Ende des Wolfgangsees befinden sich bereits in Oberösterreich. Mit dem Fahrrad nimmt man nun die vom Durchgangsverkehr freie Straße am Seeufer nach *Ried* in Angriff (hier keine Radroutenbeschilderung) und kommt zur Talstation der **Schafbergbahn.** Auch heute noch fahren auf der über 100 Jahre alten Strecke Nostalgiezüge mit alten Dampflokomotiven, der regelmäßige Liniendienst wird aber von Dieselloks versehen. Für einen Ausflug auf den Schafberg sollte man mindestens drei Stunden Zeit rechnen, außerdem warme Kleidung mitnehmen und in der Hochsaison beim Bahnhof oder der Tourist Information nachfragen, ob man Sitzplätze vorbestellen kann, da es sonst passieren kann, daß kein Platz mehr frei ist. Vom Schafberg genießt man einen herrlichen Rundblick auf die Seen des Salzkammerguts.
Die Straße führt nun über die Landesgrenze zurück ins Salzburgische in den Ortsteil *Ried* und weiter nach **Falkenstein**, wo die Straße endet und man nur mehr zu Fuß weiter den See umrunden kann. Beide Ortsteile haben eine Schiffsanlegestelle, man kann also wählen, wo man samt Fahrrädern wieder auf Wassertransport umsteigt. Die Schiffspassage führt am sogenannten **Hochzeitskreuz** vorbei, das an den tragischen Tod einer ganzen Hochzeitsgesellschaft erinnert, die im Winter über den zugefrorenen See zurück nach St. Gilgen gelangen wollte, im Eis einbrach und ertrank. Dann passiert man einen kleinen Felsen im See, auf dem das **Ochsenkreuz** steht, das auch eine interessante Geschichte erzählt: Ein Bauer

Die älteste Zahnradbahn Österreichs führt von den Ufern des Wolfgangsees auf den Schafberg. Auch alte Dampflokomotiven stehen für Nostalgiefahrten bereit.

wollte einst seinen alten Ochsen zum Metzger bringen. Das gute Tier ahnte, was ihm bevorstand, und flüchtete durch einen Sprung in den See. Der Bauer, der nicht schwimmen konnte, packte es gerade noch am Schwanz. Der verängstigte Ochse zog den ebenso erschrockenen Bauern bis zu jenem Felsen im See, wo sich beide in Sicherheit brachten. Nach der Überlieferung durfte der Ochse nach dieser Aktion am Leben bleiben und erhielt das Gnadenbrot.

So kommt man nach **Fürberg**, wo man in dem malerisch gelegenen Restaurant direkt am See zur Jause einkehren kann und von dort wieder an das südliche Seeufer nach **St. Gilgen** übersetzt. Die Strecke Falkenstein – Fürberg – St. Gilgen ist nur durch einen Fußweg erschlossen, auf dem Radfahren verboten ist.

Information

• Fremdenverkehrsverband A-5340 St. Gilgen, ✆ 06227/348, Fax 7267-9.
• Fremdenverkehrsverband A-5350 Strobl, ✆ 06137/255, Fax 5958.
• Kurdirektion A-5360 St. Wolfgang, ✆ 06138/2239, Fax 2239-81.

Fahrradverleih

• St. Gilgen: Schwarzenbrunner, Schwarzenbrunnerstraße 5, ✆ 06227/585.
• Bernd Leitgeb, Mondseer Straße, ✆ 06227/604.
• Strobl: Fahrzeuge Huber, Nr. 49, ✆ 06137/245.
• ADEG Maier, Nr. 105, ✆ 06137/323.
• Sport Girbl, ✆ 06137/484.

Fahrradreparatur

• St. Gilgen: Kfz Stadler, Raiffeisenplatz 4-6, ✆ 06227/7131.
• Strobl: Fahrzeuge Huber, Nr. 49, ✆ 06137/245.

Übernachtungen unterwegs

• St. Gilgen: Hotel Kendler***, Kirchenplatz 3, ✆ 06227/223-0, Fax 720390.
• Ferienwohnungen Grill, Gschwendt 37, ✆ 06138/3228 u. 3128 od. 0662/642206.
• Strobl: Hotel Wolfgangseehof****, Parkweg, ✆ 06137/66170 u. 66180, Fax 66177.

Urlaub am Bauernhof:
• St. Gilgen-Winkl: Schloßmayrhof, Fam. Zopf, Winkl 7, ✆ 06227/380.
• St. Gilgen-Abersee: Kloiberbauer, Fam. Eisl, Brunn 42, ✆ 06227/7244.
• Strobl: Eggerhof, Fam. Unterberger, Weißenbach 27, ✆ 06137/5158.

Jugendherberge:
• St. Gilgen: Schafbergblick, Mondseestraße 7-11, ✆ 06227/365, Fax 365-75.

Camping

• St. Gilgen-Abersee: Lindenstrand, Gschwand 36, ✆ 06227/7205.

Highlights

• Wolfgangsee-Schiffahrt, Betrieb Anfang Mai bis Mitte Oktober täglich 8–19 Uhr (Mitte Juni–Mitte September bis 20.30 Uhr), ✆ 06138/2231 od. 2232.
• St. Gilgen: Mozart-Gedenkstätte, geöffnet Juni–September täglich außer Montag 10–12 u. 14–18 Uhr.
• Seilbahn auf das Zwölferhorn (1521 m, schöner Rundblick), Sommerbetrieb Mai – Oktober täglich 9–17 Uhr (Juli/August bis 18 Uhr), ✆ 06227/(2)350.
• Strobl: Sommerrodelbahn, Länge 1.300 m, Betrieb Ostern–Ende Oktober täglich 10–19 Uhr (Juli/August 9.30 bis 20.30 Uhr), ✆ 06138/2856 od. 06235/7297.
• St. Wolfgang: Schafberg-Zahnradbahn auf den Schafberg (1783 m), Oktober täglich ab 8.10 Uhr, ✆ 06138/2232.
• Puppenmuseum in der Villa Bacher-Rix, ca. 250 alte Puppen aus aller Welt, geöffnet täglich 10–12 u. 14.30–17.30 Uhr, Führungen, ✆ 06138/2323.

Karten

Traum Rad- und Wanderkarte Wolfgangsee 1:30.000, erhältlich bei allen Fremdenverkehrsverbänden.

8 Auf den Spuren der Kelten: von Salzburg nach Hallein zum Salzbergwerk

Ausgangsort
Salzburg.

Zielpunkt
Wie Ausgangspunkt.

Anreise/Abreise
Siehe Tour 1.

Tourenlänge
30 km.

Steigung
Keine.

Eignung für Kinder
Für Kinder ab 8 Jahren geeignet.

Günstigste Jahreszeit
Mai bis Oktober (November bis April ist die Salzbergbahn von Hallein auf den Dürrnberg geschlossen).

Wegcharakter
Radwege, teils durch Bodenmarkierung auf Straßen ausgewiesen, wenige kurze Abschnitte auf Autostraßen, einige gefährliche Kreuzungen mit Autostraßen.

Wegmarkierung
»Tauernradweg« in weißer Schrift auf grünen Tafeln, am linken Salzachufer auch »Tennengauradweg« in weißer Schrift auf roten Tafeln.

Empfohlener Radtyp
Alle Fahrradtypen außer Rennrädern.

Besonderheiten
Historischer Stadtkern in Hallein; Keltenmuseum; Schaubergwerk am Dürrnberg.

Kombination
Flußabwärts mit den Tauernradweg-Teilstücken der Routen 3 und 17.

In der Stadt Salzburg wählt man einen beliebigen Einstiegspunkt am Radweg, der am rechten Salzachufer verläuft, und fährt vom Zentrum flußaufwärts zur **Karolinenbrücke,** die der Radweg unterfährt. Dann geht es geradeaus weiter, vorübergehend ist der Radweg nur eine durch Bodenmarkierung ausgewiesene Radspur am *Ignaz-Rieder-Kai*. Links kommt man am Volksgarten mit Teich und Springbrunnen vorbei, daran anschließend liegt Salzburgs populärster Tennisclub STC, Heimat von Österreichs erfolgreichster Tennisspielerin Judith Wiesner. Nach dem Überfuhrsteg, den der Radweg ebenfalls unterfährt, beginnt eine als Sackgasse ausgewiesene schmale Asphaltstraße am Ufer. Radfahrer können jedoch durchfahren und kommen verkehrsfrei durch das Landschaftsschutzgebiet **Aigner Au**. Bei der Unterführung unter der Hellbrunner Brücke stößt man wieder auf etwas lokalen Autoverkehr, gleich nach der Brücke liegt die Stadtgrenze, und man erreicht den Ort **Elsbethen**.
Ab hier ist der Radweg gekiest und führt durch die Goldensteiner Au zum Gasthof Überfuhr. Hier kann man links nach *St. Jakob am Thurn* abbiegen. Der kleine Ort mit seinem gemütlichen Wirtshaus liegt an einem Teich, ist allerdings nur über einen 2 Kilometer langen Anstieg zu erreichen.
Dann gelangt man zur Staumauer des **Kraftwerks Urstein**, wo man auch ans andere Ufer nach *Anif* wechseln könnte. Die Route bleibt am linken Ufer, führt unter der Autobahnbrücke durch und an Schloß Urstein (Privatbesitz) vorbei. Eine weitere Abzweigung links führt ins Zentrum des Ortes *Puch* (Wegweisung »Tennengauradweg«), der Radweg am Salzachufer führt aber geradeaus weiter am Sportplatz des FC Puch vorbei. So kommt man unterhalb des Fabrikgeländes der

Solvay-Chemie vorbei, die in besseren Zeiten Hauptabnehmer des am Dürrnberg gewonnenen Salzes war, und biegt im Ortsteil Neualm auf die *Uferstraße* ein. Links ginge es nach Oberalm. Rechts führt eine Radlerbrücke über die Salzach zur Brauerei Kaltenhausen. Geradeaus weiter kommt man nach **Hallein,** rechts liegt die Staumauer des **Kraftwerkes Sohlstufe**.

Am Feuerwehrgebäude vorbei kommt man zu einem Kreisverkehr, geradeaus geht es Richtung Zentrum.

Mitten in Hallein ist die Salzach in zwei Arme gespalten, die die **Pernerinsel** umschließen. Man fährt über eine Brücke auf die Insel, biegt rechts ab und über eine weitere Brücke ans linke Ufer, wo die Altstadt liegt.

Gleich links liegt das **Keltenmuseum**, die Route führt halblinks in die Bürgerspitalgasse und am Niedertorplatz geradeaus und dann links durch die verkehrsfreie Wiesengasse zum *Kornsteinplatz*. Markant für Hallein, das anläßlich der erfolgreichen Keltenausstellung 1984 einer großzügigen Renovierung unterzogen wurde, sind die vielen kleinen und größeren Plätze und die »falschen« Fassaden der Bürgerhäuser. In früheren Zeiten führten über viele Teile der Stadt hölzerne Soleleitungen, die die Salzlösung aus dem Bergwerk am Dürrnberg zu den Sudhäusern in der Stadt brachten. Da diese Leitungen oft undicht waren, tröpfelte beständig Salzlösung auf Dächer und Gemäuer. Noch heute befindet sich so viel wasseranziehendes Salz in den Mauern der alten Häuser, daß die dadurch entstehende Feuchtigkeit ein großes bautechnisches Problem darstellt.

Die Route führt weiter durch die Ruprechtgasse in die Fußgängerzone. Im dortigen Sparkassengebäude befindet sich die Tourist Information, man fährt links vorbei in die Reitenaustraße und über den Floriániplatz zum Molnarplatz und zum Gampertorplatz. Hier biegt man beim Kreisverkehr in die Zatloukalstraße ein, die zur Talstation der **Salzbergbahn** führt. Mit der Seilbahn kann man von Mai bis Oktober täglich auf den Dürrnberg fahren und dort das große **Schaubergwerk** des einstigen Salzbergbaues und das **Kelten-Freilichtmuseum** besichtigen.

Die Radfahrerbrücke über die Königssee-Ache, die hier in die Salzach mündet.

Der Rückweg beginnt im Stadtzentrum, man fährt über die Stadtbrücke Richtung Salzburg, biegt links auf die *Pernerinsel* ein und kommt wieder zu jener Behelfsbrücke über den linken Salzacharm, die wir schon von der Anreise kennen. Am linken Ufer fährt man rechts auf den Radweg und kommt bald in den Stadtteil **Kaltenhausen**, in dem sich 100 Meter links vom Radweg Salzburgs älteste Brauerei, das Hofbräu Kaltenhausen mit seinem urigen Bräustübl, befindet. In einer kleinen Siedlung biegt man rechts ab und kommt auf einen gekiesten Radweg direkt am Salzachufer.

Vor der schmalen Brücke über die hier einmündende Königssee-Ache steht eine Tauernradweg-Informationstafel. Wir fahren unter der Autobahn durch und wieder am Kraftwerk Urstein vorbei. Links

führt eine Abzweigung zum **Waldbad Anif**, Geheimtip unter den Salzburgern für naturnahes Badevergnügen an heißen Sommertagen.
Der Radweg führt immer geradeaus durch schönen Auwald bis zur Hellbrunner Brücke, die unterfahren wird. Jetzt sind wir wieder zurück im Stadtgebiet von Salzburg und bleiben am Ufer, wo der Radweg asphaltiert ist. Am städtischen Schwimmbad und einer Jugendherberge vorbei erreichen wir beim Rudolfsplatz die Karolinenbrücke, wo wir entweder im Kreisverkehr halblinks durch die Kaigasse in die Altstadt weiterradeln oder ans rechte Ufer auf den dort verlaufenden Radweg wechseln (kein Radweg am linken Ufer).

Information
• Salzburg , Anif, Grödig: siehe Tour 1 und 2.
• Fremdenverkehrsverband A-5061 Elsbethen, © 0662/628891 oder 629165, Fax 629165.
• Fremdenverkehrsverband A-5412 Puch, ©/Fax 06245/84166.
• Fremdenverkehrsverband A-5400 Hallein, © 06245/85394, Fax 85185–13; eigener Informationsstand auf der Pernerinsel (16–21 Uhr).

Fahrradverleih
• Salzburg, Anif, Grödig: siehe Tour 1 und 2.
• Puch: Fremdenverkehrsverband, ©/Fax 06245/84166.
• Hallein: Fa. Breinlinger, Bundesstraße Süd 50, © 06245/80309, Fax 81857.
• Bahnhof, © 06245/80131.

Fahrradreparatur
• Salzburg, Grödig: siehe Tour 1 und 2.
• Puch: Helmuth Wimmer, Halleiner Landesstraße 45, © 06245/80124.
• Fa. Grundtner, Metzgergasse 2, © 06245/80493-0, Fax 80493-77.

Übernachtungen unterwegs
• Salzburg, Anif, Grödig: siehe Tour 1 und 2.
• Elsbethen: Gasthaus Überfuhr***, Überfuhrstraße 2, © 0662/623469 od. 621108, Fax 621108-4.
• Puch: Gasthof Kirchenwirt***, Nr. 28, © 06245/83134, Fax 83134-7.
• Hallein: Gasthof Camping Auwirt***, Salzachtal Bundesstraße Nord 24, © 06245/80417, Fax 84635.

Camping
• Salzburg: siehe Tour 1.
• Hallein: Au, Salzachtal Bundesstraße Nord 24, © 06245/80417, Fax 84635.
• Rif, Reischenbachweg 27, © 06245/76114.

Jugendherberge:
• Hallein: Schloß Wispach, © 06245/80397, Fax 80397-3.

Highlights
• Salzburg, Hellbrunn: siehe Tour 1 und 2.
• Hallein: Keltenmuseum, geöffnet 1.5.–31.10. täglich 10–17 Uhr, Führungen, © 06245/80783 u. 84288.
• Von Hallein Salzbergbahn auf den Dürrnberg, Betrieb Mai – September täglich 8.50–17.50 Uhr, April u. Oktober täglich 9.15–17.10 Uhr, © 06245/80737.
• Salzbergwerk in Dürrnberg, Ein- und Ausfahrt mit Grubenhunten, Rutschen, Floßfahrt über den Salzsee, Darstellung u.a. des prähistorischen Salzbergbaues, Führungen 1.4.–31.10. täglich 9–17 Uhr, 1.11.–31.3. täglich 11–15 Uhr, © 06245/85285-15 od. 82121.
• Kombinationskarten Salzbergbahn/Salzbergwerk/Keltenmuseum/Keltenfreilichtschau!
• Stille-Nacht-Museum im ehem. Wohnhaus von Franz Xaver Gruber (Komponist »Stille Nacht«), Grab vor dem Haus, geöffnet in der Adventszeit und bis 6.1. sowie nach Anmeldung, © 06245/80783.

Karten
Radkarte Tennengau 1:50.000, erhältlich bei allen Fremdenverkehrsverbänden.

9 Ins Bluntautal und zum Gollinger Wasserfall

Ausgangsort
Golling.

Zielpunkt
Wie Ausgangpunkt.

Anreise/Abreise
PKW: Auf der Tauernautobahn A10 bis zur Autobahnabfahrt Golling, Richtung Ortszentrum bis zum Bahnhof.
Bahn: Der Bahnhof Golling-Abtenau liegt an der Westbahn, Intercity-Reisende müssen in Salzburg oder Bischofshofen umsteigen.

Tourenlänge
18 km.

Steigung
Kurzer Anstieg zum Wasserfall, sanft bergauf im Bluntautal.

Eignung für Kinder
Für Kinder ab 7 Jahren geeignet.

Günstigste Jahreszeit
Mai bis Oktober.

Wegcharakter
Verkehrsarme Nebenstraßen zum Wasserfall, gekiester Forstweg ins Bluntautal.

Wegmarkierung
»Tauernradweg« in weißer Schrift auf grünen Tafeln von Golling bis zum Wasserfall; dann grün-weiße, pfeilförmige Schilder mit der Aufschrift »Bluntautal« bzw. »Golling«.

Empfohlener Radtyp
Trekking- oder Mountainbike.

Besonderheiten
Gollinger Wasserfall; Naturbadeplätze im Bluntautal; landschaftlich besonders schöner Ausflug.

Kombination
Ergänzung zu Routen 16 und 17.

Der Gollinger Wasserfall.

Dieser landschaftlich besonders schöne Ausflug beginnt am Bahnhof von **Golling.** Für ein kurzes Stück folgt man der Bahntrasse nach Süden und biegt dann bei der ersten Gelegenheit rechts Richtung *Wasserfall* ab. Über die Bahntrasse und danach über die Salzach kommt man in den Ortsteil *Torren* und folgt bis auf weiteres der Tauernradweg-Beschilderung. Die mäßig befahrene Nebenstraße schlängelt sich durch eine Siedlung, links weist ein Wegweiser ins *Bluntautal*, wir fahren aber halbrechts weiter Richtung Wasserfall auf die Torrener Kirche zu.
Beim Torrener Hof biegt man links ab und fährt am dahinterliegenden Gasthof Hubertus vorbei. Dann geht es für ein kurzes Stück recht steil bergauf bis zu einem

Parkplatz mit einem Souvenirkiosk. Hier läßt man die Fahrräder stehen und geht zu Fuß zum **Wasserfall** (5 Minuten bzw. weitere 10 Minuten links hinauf zu einem zweiten Wasserfall). Bei einem Holzhäuschen ist ein Eintrittsgeld zu entrichten. Rechts liegt eine alte Mühle.
Zurück radelt man wieder bis zum **Torrener Hof** und biegt beim Gastgarten rechts auf den *Bachteiweg* ein. Dieser grobgeschotterte Feldweg führt direkt an den Eingang des Bluntautales. Im Wald hält man sich links, kommt zu einem Holzlagerplatz, wo der Radweg kurz sehr eng und holprig wird, dann aber auf eine Forststraße führt, die in die Straße ins **Bluntautal** mündet.

Dieses herrliche Tal am Fuße des **Hohen Göll** ist ein sehr beliebtes Ausflugsziel. An Wochenenden besteht ein Autofahrverbot, sonst gibt es Ausflugsverkehr an der am rechten Ufer des Baches verlaufenden Zufahrtsstraße zum Gasthof Bärenhof.
Die Radroute führt an den Parkplätzen am Taleingang vorbei und bleibt dann bei der Bluntaubrücke rechts auf einem flachen Forstweg, der eben bis leicht ansteigend durch prächtige Landschaft zu den *Bluntauseen* führt. Überall kann man hier seine Beine in das kristallklare, erfrischende Wasser hängen oder ein gemütliches Picknick einlegen. Der Forstweg führt zu einer Abzweigung, rechts geht es weiter ins Tal hinein zu einem sehenswerten Wasser-

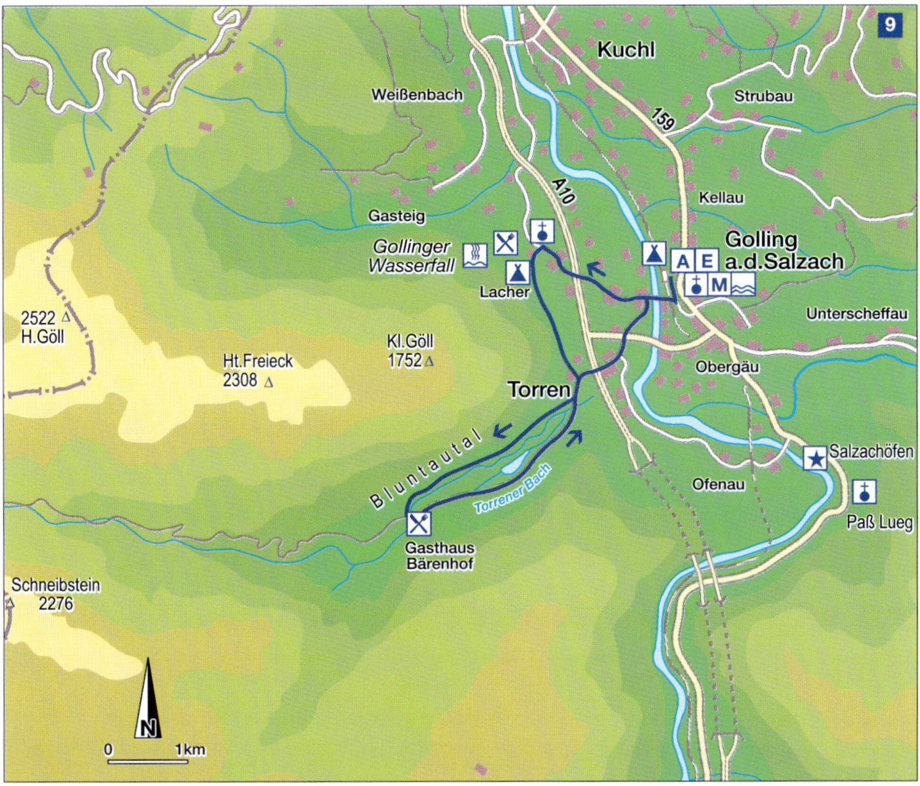

Am Eingang des Bluntautals liegt das kleine Kirchlein von Torren.

fall, links führt die kürzere Route zum **Bärenhof**, einem Ausflugsgasthof mit schattigem Gastgarten in malerischer Lage direkt am Bach. Hierher werden von der Bluntaubrücke ausgehend auch Kutschenfahrten angeboten.

Von hier kann man jetzt an der rechten Talseite leicht bergab wieder zurückradeln und kommt nach der Brücke auf die Gemeindestraße, die durch Torren zurück nach Golling führt. Nach dem Gasthof Göllhof unterquert man die Autobahn und biegt bei der Nachrangstraße halblinks ein. Man fährt auf Schloß und Kirche von Golling zu, biegt rechts auf die Salzachbrücke ein, überquert die Bahn und kehrt links zum *Bahnhof Golling* zurück.

Information
• Fremdenverkehrsverband A-5440 Golling, ✆ 06244/4356, Fax 7766.

Fahrradverleih
• Shell Tankstelle Sunkler, Obergäu, ✆ 06244/4391, Fax 7712.

Fahrradreparatur
• Manfred Oberhauser, Obergäu 163, ✆ 06244/5067.

Übernachtungen unterwegs
• Hotel Torrenerhof***, Torren 24, ✆ 06244/5522 , Fax 5522-22.
• Gasthof Goldener Ochs***, ✆ 06244/4372, Fax 7676-52.
• Gasthof Hubertus***, Torren 57, ✆ 06244/4498.
• Gasthof Bärenhof**, Bluntautal, ✆ 06244/6172.
• Pension Sunkler***, Obergäu 63, ✆ 06244/4391, Fax 7712.

Urlaub am Bauernhof:
• Feichtenhof, Fam. Köppl, Obergäu 5, ✆ 06244/5058.
• Hackerhof, Fam. Rettenbacher, Obergäu 58, ✆ 06244/4257.

Camping
• Martina, ✆ 06244/66433.
• Torrenerhof, ✆ 06244/5522, Fax 5522-22.

Einkehrmöglichkeiten
• siehe Hotels und Gasthöfe unter Übernachtungen unterwegs.

Highlights
• Gollinger Wasserfall bei St. Nikolaus/Torren, häufiges Motiv der Maler in der Romantik.
• Bluntautal, beliebtes Ausflugsgebiet mit den Bluntauseen, Naturbadeplätzen und dem Torrener Wasserfall, an Wochenenden Pferdekutschenfahrten von der Bluntaubrücke bis zum Gasthof Bärenhof, bei Bedarf auch nach Anmeldung, ✆ 06244/4442 (Fam. Kaindl) od. 6473 u. 7001 (Fam. Kronreif).
• Schloß Golling mit Gollinger Heimatmuseum, u.a. versteinerter Saurier, Funde von Höhlenbären und prähistorische Funde vom Nikolausberg, geöffnet Juni bis Mitte September Mittwoch, Samstag und Sonntag 9–12 Uhr.

Karten
Radkarte Tennengau 1:50.000, erhältlich beim Fremdenverkehrsverband Golling.

10 Rund um den Irrsee nach Straßwalchen

Ausgangsort
Mondsee.

Zielpunkt
Straßwalchen.

Anreise/Abreise
PKW: Mondsee über die Westautobahn A1, Autobahnabfahrt Mondsee; von hier über die B 154 nach Straßwalchen, daß auch auf der B 1 von Salzburg aus erreichbar ist.
Bahn: Der Bahnhof Straßwalchen liegt an der Westbahn, Intercityreisende müssen in Salzburg bzw. Attnang-Puchheim umsteigen.

Tourenlänge
21 km.

Steigung
Teilweise etwas hügelig.

Eignung für Kinder
Für Kinder ab 7 Jahren geeignet.

Günstigste Jahreszeit
Mai bis September.

Wegcharakter
Großteils auf verkehrsarmen Nebenstraßen, kurze Abschnitte auf neuerrichteten Radwegen, alles asphaltiert

Wegmarkierung
Von Mondsee bis Oberhofen »Mondseelandweg«, ab Salzburger Landesgrenze »Salzkammergutradweg« jeweils in weißer Schrift auf grünen Tafeln.

Empfohlener Radtyp
Mit allen Fahrradtypen befahrbar.

Besonderheiten
Schöne Badeplätze am Irrsee; Familienerlebnispark in Straßwalchen.

Kombination
Mit Route 5.

Ausgangspunkt dieser Tour ist **Mondsee**, das man auch am Salzkammergutradweg erreichen kann (siehe Route 5). Vom Marktplatz bei der Kirche fährt man durch die Herzog-Odilo-Straße leicht bergauf in den Ortsteil Schlößl. Dann biegt man rechts auf den *Mondseelandweg* ein, der durch eine Siedlung immer leicht bergauf zu einem Nachrangschild führt. Hier beginnt links eine Abfahrt zur stark befahrenen Bundesstraße 154, die wir beim Lagerhaus vorsichtig überqueren, dann radeln wir weiter zum Gasthaus Haidermühle.

Variante für Badehungrige: Ein neu erbauter Radweg führt direkt an der linken Seite der B 154 in Richtung Zell am Moos zu einem großzügig angelegten öffentlichen Badeplatz am Südostufer des Irrsees. Danach gibt es allerdings keinen Radweg, man sollte also zur beschriebenen Route zurückkehren.

Die Hauptroute zweigt beim Gasthof Haidermühle scharf links ab und führt an einigen Bauernhöfen vorbei zu einer Weggabelung. Hier folgt man den Radwegweisern Richtung *Oberhofen*. Beim Hotel Pöllmann erreicht die Route das westliche Ufer des **Irrsees** (auch **Zeller See**), an dem eine wenig befahrene, teilweise etwas holprige Asphaltstraße verläuft. Sie führt an mehreren gemütlichen Gasthöfen vorbei, rechts locken immer Bademöglichkeiten am See.

Obwohl der Irrsee die höchste durchschnittliche Wassertemperatur der oberösterreichischen Salzkammergut-Seen hat, gehört er nicht zu den klassischen Badeseen. Dafür ist er bei den Fischern sehr beliebt, ein Anglerverein hat die gesamte Wasserfläche gepachtet. Das Seegebiet steht unter Naturschutz, die Wasserqualität ist ausgezeichnet. Das Nordende des Seeufers ist dicht mit Schilf bewachsen und daher schwer zugänglich.

Rund um den Irrsee nach Straßwalchen

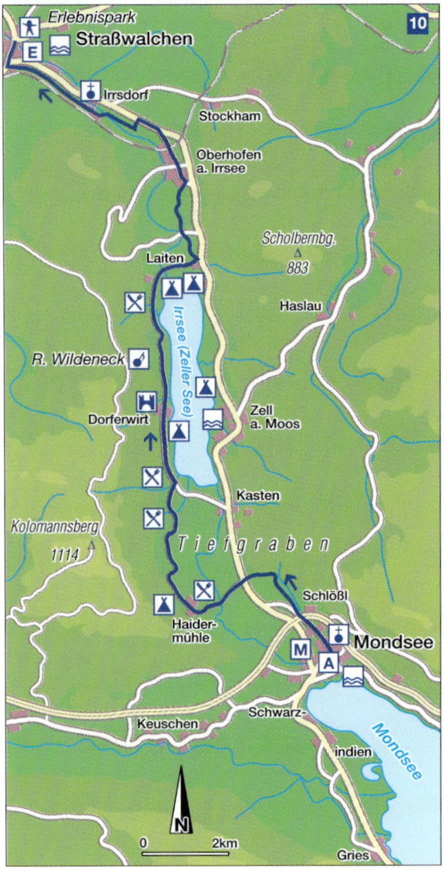

Die Radroute führt nördlich des Sees erst auf einer kleinen Straße nach rechts Richtung Bundesstraße 154 und biegt dann scharf links Richtung *Oberhofen* ab. Nach einem kurzen Anstieg biegt man bei einem großen, alleinstehenden Gehöft erst rechts ab und dann gleich auf einen Feldweg links nach Oberhofen ein. So radelt man auf die Kirche des kleinen Ortes zu, in dem die deutsche Schauspielerin *Barbara Rütting* für mehrere Jahre ihren Traum vom biologischen Landbau verwirklichte. Das Wirken dieser begeisterten Vorkämpferin für eine gesunde und mit der Natur im Einklang stehende Lebensart hat auch das Tourismusmarketing der ganzen Region beeinflußt.

Am Ortseingang biegt man links ins Dorf ein und fährt an einem großen Landgut vorbei (ehemals der Rüttingsche Bio-Bauernhof), wo heute ein Vollwertrestaurant zu einer Rast einlädt. Weiter kommt man auf der Gemeindestraße am Gasthof Baumgartner vorbei und durch eine kleine Wohnsiedlung, bis die Straße am Bahnkörper der Westbahn endet. Links geht es zu einer Bahnunterführung und dann hinauf zum *Bahnhof Oberhofen-Zell am Moos* und zum Gasthof Westbahn. Nach der Tennishalle muß man für kurze

Gute Radwegekarten gibt es in allen Fremdenverkehrsverbänden im Salzburger Land.

Zeit links in die B 154 einbiegen und überquert bald die Landesgrenze zwischen Oberösterreich und Salzburg. Ab hier ist die Route durchgehend als »*Salzkammergutradweg*« beschildert. Die erste Abzweigung nach links führt auf eine schmale Gemeindestraße Richtung *Taigen*. Noch vor dem Bahndamm biegt man rechts ab und kommt in den Ortsteil *Irrsdorf*.

Auch hier haben sich bekannte Künstler angesiedelt: der Wiener Schauspieler Karl Merkatz, durch seine Verkörperung des Edmund Sackbauer in der TV-Kultserie »Ein echter Wiener geht nicht unter« weit über Österreich hinaus bekannt geworden, hat hier ebenso seinen Wohnsitz wie der Salzburger Filmemacher und TV-Serienschreiber Reinhard Schwabenitzky mit Schauspielergattin Elfi Eschke. Die beiden landeten unter anderem mit »Ilona und Kurti« einen Kinohit, der Schwabenitzky bei der Berlinale den Karl-Lubitsch-Preis einbrachte.

Sehenswert ist die von außen unscheinbare kleine **Filialkirche** von Irrsdorf. Wer durch die mit Holzreliefs verzierte gotische Eingangspforte tritt, die offenbar für den Bau zu groß geraten ist, befindet sich staunend in einer der schönsten hochbarocken Dorfkirchen des Landes. Meinrad Guggenbichler und seine Werkstatt haben in der kleinen Kirche drei geschnitzte Altäre, eine prächtige Kanzel und eine Pieta-Gruppe geschaffen.

Weiter radelt man durch den Ort, wechselt an einer kleinen Brücke vorübergehend ans linke Ufer des kleinen Baches und kehrt dann zurück an die B 154, an der nun links ein Radweg nach *Straßwalchen* verläuft. Bei der großen OMV-Tankstelle trifft man auf die Bundesstraße 1, in die man rechts Richtung Ortsmitte einbiegt. Früher war die B 1 die wichtigste Straßenverbindung zwischen Salzburg und Wien, seit der Fertigstellung der Westautobahn hat der Ort aber seine pulsierende Verkehrslage verloren und ist heute ein regionales Einkaufszentrum. Der Tourismusverband organisiert unter anderem Fahrten mit einem Heißluftballon (gegen Voranmeldung).

Am östlichen Ortsrand von **Straßwalchen** neben dem Schwimmbad liegt Österreichs größter **Familien-, Märchen- und Erlebnispark**, der 1996 eröffnet wurde.

Hier entstanden in einem weitläufigen Gelände Spielanlagen und Attraktionen für Kinder von vier bis zehn Jahren. Das Angebot reicht von Trampolinspringen, Sackrutschen über Schießbuden, Country & Western Saloons, stündliche Vorstellungen von Zauberern und Umweltrettern, eine Weltreise mit Oldtimerautos, das Zwergenland Pilzhausen bis zu den bekanntesten Märchenfiguren wie Schneewittchen, Hänsel und Gretel oder Rotkäppchen, die sich bewegen und auch sprechen können.

Lokführer im Familienerlebnispark Straßwalchen.

Information
• Tourismusverband Mondseeland, A-5310 Mondsee, ✆ 06232/2270, Fax 4470.
• Fremdenverkehrsverband A-5204 Straßwalchen–Irrsdorf, ✆ 06215/6420, Fax 842020.

Fahrradverleih und Radreparatur
• Mondsee: siehe Tour 5.
• Zell am Moos: Tourismusverband , ✆ 06234/8215, Fax 7171.
• Oberhofen: Gasthaus Baumgartner, Nr. 33, ✆ 06213/221.
• Straßwalchen: Rad Feichtner, Braunauer Straße 15, ✆ 06215/8312.

Übernachtungen unterwegs
• Mondsee: siehe Tour 5.
• Straßwalchen: Gasthof Weichenberger***, Braunauerstraße 5, ✆ 06215/8238.

Urlaub am Bauernhof:
• Mondsee: siehe Tour 5.
• Straßwalchen: Aignerhof, Fam. Loibichler, Stadlberg 8, ✆ 06215/8433.
• Pointbauer, Fam. Schober, Stadlberg 6, ✆/Fax 06215/7419.

Camping
• Mondsee: siehe Tour 5.
• Mondsee-Tiefgraben: Fohlenhof, Hof 17, ✆ 06232/2600.
• Zell am Moos: Maier, Unterschwand 9, ✆ 06234/7081.
• Oberhofen: Moosmühle, Laiter 18, ✆ 06213/389.

Highlights
• Mondsee: siehe Tour 5.
• Irrsdorf: Wallfahrtskirche , gotisch (1408), u.a. drei barocke Schnitzaltäre, Kanzel u. Pietàgruppe im Chor von Meinrad Guggenbichler (1682-1715), berühmte geschnitzte Türflügel (1408, mit Darstellung der schwangeren Maria und Elisabeth).
• Straßwalchen: Erlebnispark, regelmäßige Kinderveranstaltungen, geöffnet Ende April–Ende Oktober täglich 10–18 Uhr, ✆ 06215/8181.

Karten
Freytag & Berndt Wander- und Radkarte 1:50.000, Nr. 391.

11 Zum Freilichtmuseum in Großgmain

Der Ausflug zum Freilichtmuseum bei Großgmain beginnt in *Salzburg* am *Rudolfsplatz* bei der Karolinenbrücke. Man folgt der Radspur in die Petersbrunnstraße und über den Busparkplatz Nonntal. Weiter geht es durch die Erzabt-Klotz-Straße in die Fürstenallee, rechts in die Sinnhubstraße und dann links in die Leopoldskroner Allee. Man zweigt halblinks zum *Leopoldskroner Weiher* ab und fährt diesen entlang (siehe auch Route 2). Dann kommt man durch die König-Ludwig-Straße zur Von-Nissen-Straße, in die man rechts einbiegt. Die Tauernradweg-Beschilderung weist bereits *Großgmain* als Ziel aus. Man fährt immer geradeaus weiter in den Josef-Moosbrucker-Weg, der zur Moosstraße führt.
Hier biegt man links ab und fährt auf dem Radweg rechts neben der langen Allee, die nach *Fürstenbrunn* führt. Unsere Route biegt schon vorher in den Schwarzgrabenweg ein, eine schmale Straße führt durch eine Birkenallee. Bald sieht man rechts voraus den *Salzburg Airport* und biegt vor der Glanbrücke links ab. Entlang der Glan fährt man bis zur nächsten Brücke, überquert den Bach und fährt auf der Waldstraße durch die Glansiedlung und durch ein Waldstück. Dann biegt man bei *Nachrang* links ab, kommt an der Schweizersiedlung vorbei und fährt beim Gasthof Laschensky rechts. Zwischen Mais- und Gemüsefeldern radelt man jetzt auf *Viehhausen* zu, wo man am Ortsanfang scharf links in die Viehhauserstraße einbiegt. Unter der Autobahn durch kommt man an den Feldern der Walser Gemüsebauern vorbei und in den Ortsteil Gois. Im Ort hält man sich links und fährt auf dem Salzweg weiter, der zu

Ausgangsort
Salzburg.

Zielpunkt
Wie Ausgangspunkt.

Anreise/Abreise
siehe Tour 1.

Tourenlänge
14 km (in einer Richtung).

Steigung
Keine.

Eignung für Kinder
Für Kinder ab 7 Jahren geeignet.

Günstigste Jahreszeit
April bis Oktober (Freilichtmuseum von November bis März gesperrt).

Wegcharakter
Radwege und verkehrsarme Straßen in der Stadt, Nebenstraßen und schließlich ein straßenbegleitender Radweg nach Großgmain.

Wegmarkierung
»Tauernradweg« in weißer Schrift auf grünen Tafeln.

Empfohlener Radtyp
Mit allen Fahrradtypen befahrbar.

Besonderheiten
Freilichtmuseum mit originalgetreu erhaltenen bäuerlichen Bauten aus allen Landesteilen am Rande des Landschaftsschutzgebiets Untersberg.

Kombination
Ausflugsvariante zu allen Touren, die Salzburg berühren.

einer Autobahnunterführung führt. Rechts sieht man in einiger Entfernung den Autobahngrenzübergang *Walserberg*, meistfrequentierte Grenzübertrittstelle Europas, die mit dem Beitritt Österreichs zum Schengener Abkommen ab 1. 7. 1997 ihre Bedeutung als Kontrollstelle verlieren wird.
Dann fährt man rechts parallel zur Autobahn bis zur Einmündung links in die Großgmainer Landesstraße, an deren rechter Seite ein Radweg verläuft. Nach etwa einem Kilometer wechselt der Radweg an einer recht unübersichtlichen Stelle an die linke Seite, Vorsicht beim Überqueren! Nochmals einen Kilometer radelt man leicht bergauf und erreicht dann den Parkplatz des **Freilichtmuseums**, Fahrräder können bei der Kassa abgestellt werden.
Das Salzburger Freilichtmuseum hat sich zur Aufgabe gestellt, typische bäuerliche Architektur aus allen Landesteilen zu bewahren und dem Besucher zu zeigen. So wurden in allen Gauen alte Bauernhäuser, Ställe und Almhütten, die sonst dem Verfall preisgegeben wären, fachgerecht abgetragen und hier wiederaufgestellt. Das weitläufige Gelände ist den Bezirken Salz-

Radfahrer können bis zum Eingang des Freilichtmuseums radeln.

11 Zum Freilichtmuseum in Großgmain

Zeit zum Rasten in der Nähe von originalgetreu erhaltenen Bauernhöfen aus allen Teilen des Salzburger Landes.

burgs entsprechend aufgeteilt. So gibt es hier einen Mini-Pinzgau, -Pongau, -Lungau usw. Im sogenannten Salettl ist ein gemütliches Wirtshaus untergebracht. Für die Besichtigung sollte man zwei bis drei Stunden kalkulieren.
Zurück kommt man auf dem selben Weg, nur für sehr Sportliche gedacht ist eine Variante über *Fürstenbrunn*. Dazu radelt man ein Stück weiter am Radweg Richtung Großgmain und biegt dann links Richtung Fürstenbrunn und Grödig ab. Eine hügelige Route ohne Radweg (starker Ausflugsverkehr an Wochenenden) führt am beliebten Gasthof Latschenwirt vorbei am Fuße des *Untersberges* entlang nach Fürstenbrunn, wo man links in die Allee der Moosstraße einbiegt.

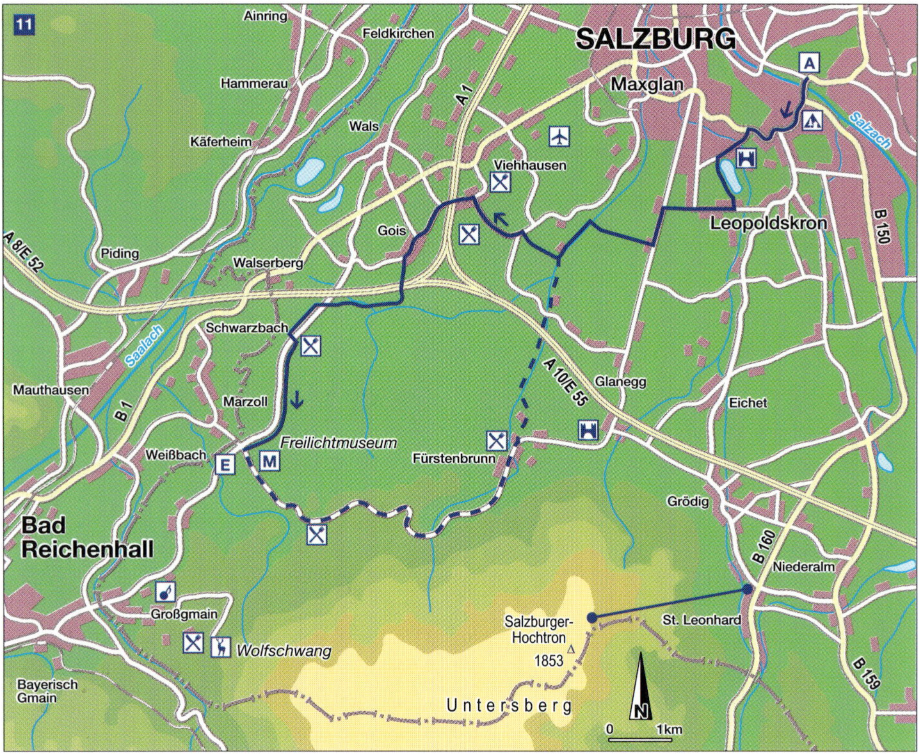

Information
• Salzburg Information, A-5020 Salzburg, Auerspergstraße 7, ✆ 0662/88987-0, Fax 88987-32.
• Verkehrsverein A-5071 Wals-Siezenheim, ✆ 0662/851067, Fax 854747.
• Fremdenverkehrsverband A-5084 Großgmain, ✆ 06247/8278, Fax 8772.

Fahrradverleih
• Salzburg: siehe Tour 1.
• Großgmain: Schmiederer, Salzburger Straße 58, ✆ 06247/8240.

Fahrradreparatur
• Salzburg: siehe Tour 1.
• Wals-Siezenheim: Schmiederer, Himmelreich, ✆ 0662/852236, Fax 850920.
• Großgmain: Schmiederer, Salzburger Straße 58, ✆ 06247/8240.

Übernachtungen unterwegs
• Salzburg: siehe Tour 1.
• Großgmain: Hotel Greiner**, Hochburgerhöhe 131, ✆ 06247/8223, Fax 8795.
• Fürstenbrunn: Gasthof Esterer**, Glanstraße 31, 5082 Fürstenbrunn, ✆ 06246/73321.

Urlaub am Bauernhof:
• Salzburg: siehe Tour 1.
Wals: Bonauerhof, Viehhausen, Kapellenweg 3, ✆/Fax 0662/853361.
• Königgut, Fam. Reiter, Oberfeldstraße 40, ✆ 0662/850393, Fax 950393-32.

Einkehrmöglichkeiten
Siehe Hotels und Gasthöfe unter Übernachtung unterwegs.

Highlights
Salzburger Freilichtmuseum, über 50 landschaftstypische Höfe, Häuser und bäuerliche Nebengebäude 16.–19. Jh. auf einer Fläche von gesamt 50 Hektar, regelmäßige Handwerksvorführungen und Veranstaltungen, geöffnet 30.3.–1.11. täglich außer Montag (soferne kein Feiertag) 9–18 Uhr, Führungen nach Vereinbarung, ✆ 0662/850011.

Karten
Salzburg Radkarte 1:17.500/1:75.000, erhältlich bei allen Tourismusverbänden.

12 Auf dem Tauernradweg von Krimml nach Mittersill

Ausgangsort
Krimml.

Zielpunkt
Mittersill.

Anreise/Abreise
PKW: Über die B 161 von Kitzbühel bzw. B 168 von Zell am See nach Mittersill und weiter auf der B 165 nach Krimml.
Bahn: Von Zell am See (Westbahn) mit der Pinzgauer Bahn (Schmalspurbahn) nach Krimml oder Mittersill.

Tourenlänge
33 km.

Steigung
Keine.

Eignung für Kinder
Für Kinder ab 7 Jahren geeignet.

Günstigste Jahreszeit
Mitte Mai bis Ende September.

Wegcharakter
Leichte Route, meist auf wenig befahrenen Asphaltstraßen, kurze Strecken auch auf Kies- und Schotterwegen.

Wegmarkierung
»Tauernradweg« auf grünen Tafeln.

Empfohlener Radtyp
Mit allen Fahrradtypen befahrbar.

Besonderheiten
Schöner Blick ins Großvenedigermassiv; Krimmler Wasserfälle; Heimatmuseum in Bramberg (Smaragd- und Bergkristallfunde).

Kombination
Mit den Routen 13 und 14 oder 15 weiter am Tauernradweg.

Auf dem Tauernradweg von Krimml nach Mittersill

Der Ausgangsort des Tauernradweges, Krimml, liegt auf 1076 Meter Seehöhe und ist für die größten Wasserfälle Mitteleuropas berühmt. Wer mit der gemütlichen Pinzgauer Schmalspurbahn ab Zell am See anreist, wird allerdings feststellen, daß der Endbahnhof »Krimml« eigentlich in der Nachbargemeinde Wald liegt und von dort noch ein 3 Kilometer langer Anstieg nach Krimml und zu den Wasserfällen ansteht. Es lohnt sich allerdings, das Naturschauspiel der **Krimmler Ache**, die sich über 380 Meter Fallhöhe ins Tal stürzt, kennenzulernen. Zum Wasserfall gelangt man zu Fuß ab Parkplatz Wasserfall in etwa 10 Minuten. Wer mehr Zeit hat, kann auf einem gesicherten Wanderweg bergauf mit vielen schönen Blicken auf die tosenden Fluten entlang der Fälle bis an den Eingang des Krimmler Achentales wandern (siehe auch Route 21).
Der Tauernradweg beginnt am Parkplatz *Wasserfall* und führt dann links auf einer Schotterstraße bergab zur ersten *Panoramatafel*. Solche Übersichtstafeln stehen in Abständen von etwa 20 Kilometern regelmäßig entlang des Tauernradweges. Hier liegt das Ausgleichsbecken des Kraftwerkes *Wald,* wo Schüler der Volksschule Krimml ein Biotop eingerichtet haben und pflegen.
Jetzt führt am rechten Ufer ein feingeschotterter Weg talwärts, bis man nach 3 Kilometern die Endstation der **Schmalspurbahn** erreicht. Nun muß man kurz auf die stark befahrene Bundesstraße, verläßt diese jedoch am Ortsbeginn von *Wald* gleich wieder und radelt auf einer Nebenstraße, die nochmals an die Bundesstraße zurückführt. Beim Gasthof Walderwirt biegt man rechts ab und kommt durch den Ortsteil Trattenbach. Nochmals geht es für ein kurzes Stück auf die Bundesstraße bis *Rosental*, wo die Radroute scharf rechts abbiegt.
Über einen Bahnübergang und die Salzachbrücke erreicht man ein Wäldchen, hinter dem der Eingang zum Obersulzbachtal liegt. Hier hat man einen prächtigen Blick in die Welt der Dreitausender, deren höchster der **Großvenediger** (3674 m) ist. Beim Gasthof Siggen biegt man links ab und kann einen kurzen Abstecher zum Untersulzbachfall unternehmen, wo auch der sogenannte »*Knappenweg*« ins Untersulzbachtal beginnt. Der Tauernradweg führt jetzt am rechten Rand des Salzachtales vorbei an einigen typischen Pinzgauer Bauernhöfen weiter Richtung *Neukirchen*.
Am Ortsanfang unterfährt man die Bundesstraße und biegt nach einem kurzen Anstieg rechts ins Dorfzentrum ab. Neukirchen am Großvenediger ist bekannt für sein vorbildlich gepflegtes Ortsbild, besonders sehenswert sind die beiden originalgetreu renovierten Pinzgauer Ställe, der **Kammerlanderstall** und der **Samerhofstall**, die jetzt als Kulturzentren und Veranstaltungsgebäude wieder mit Leben erfüllt sind.
Vom Marktplatz fährt man unter der Bundesstraße durch und biegt dann beim Bahnhof rechts ab. Am Freizeitzentrum vorbei gelangt man wieder an das rechte Salzachufer, man radelt an Bauernhöfen vorbei bis auf eine kleine Holzbrücke, von der man einen schönen Blick nach rechts ins Habachtal hat. In diesem Tal liegt Mitteleuropas einzige Fundstätte von Smaragden. Auch wenn der kommerzielle Bergbau derzeit ruht, gibt es in der Gegend viele »Strahler« (so nennt man hier die Edelsteinsucher), die noch oft fündig werden und so manche »Stufe« (das ist ein Gesteinsstück mit Edelstein- oder Halbedelsteineinschlüssen) aus dem Berg holen.
Die schönsten Funde aus dem Habachtal, vor allem Smaragde und prächtige Berg-

Schöner könnte der Start zum Tauernradweg nicht sein: vor dem Krimmler Wasserfall.

kristalle, werden im **Heimatmuseum von Bramberg** ausgestellt. Dorthin führt auch der Radweg, der jetzt an die linke Talseite wechselt, kurz neben der Bundesstraße verläuft und dann links nach *Bramberg* abzweigt.

Noch bevor man ins Dorfzentrum kommt, liegt links direkt an der Route das Heimatmuseum. Neben Edelsteinen, Halbedelsteinen und Bergkristallen gibt es im Dachgeschoß noch eine interessante Überraschung: Dort befindet sich ein kompletter bewohnter Bienenstock, dessen eine Seite mit einer Glaswand abgedeckt ist.

Weiter geht es nun ins Dorfzentrum und auf der »Sonnseit'n« auf der alten Gemeindestraße in den Ortsteil **Mühlbach**. Die Bauern, die ihre Gründe hier an den südlichen Abhängen der Pinzgauer Grasberge hatten, waren seit jeher vom Klima begünstigt, während die »Schattseit'n« am Nordrand der Hohen Tauern eine Ungunstlage war.

Nach dem Ortsteil *Grubing* quert man sehr vorsichtig die stark befahrene Bundesstraße und biegt gleich rechts auf die Nebenstraße ab, die über Eisenbahn und Salzachbrücke in den kleinen Ort Hollersbach führt. Mitten im Ort steht das aus dem 14. Jahrhundert stammende **Klausnerhaus**, in dem die Tourist Information und ein kleines Seminarzentrum untergebracht sind. Dahinter liegt ein **Kräuterschaugarten**, der von der Pflanzenkosmetikfirma Yves Rocher angelegt wurde. Etwas westlich des Ortes befindet sich ein **Freizeitzentrum** mit einem Badesee. Hollersbach ist für seine jeden Sommer stattfindenden Malerwochen bekannt. Wenn die Künstler da sind, kann man ihnen auch bei der Arbeit zusehen. Im Ort überquert man den Hollersbach und biegt dann gleich links ab, um auf einen Radweg direkt an der Salzach zu gelangen. Auf Kies folgt man nun verkehrsfrei dem rechten Salzachufer und kommt an der Fahnenfabrik Gärtner vorbei nach

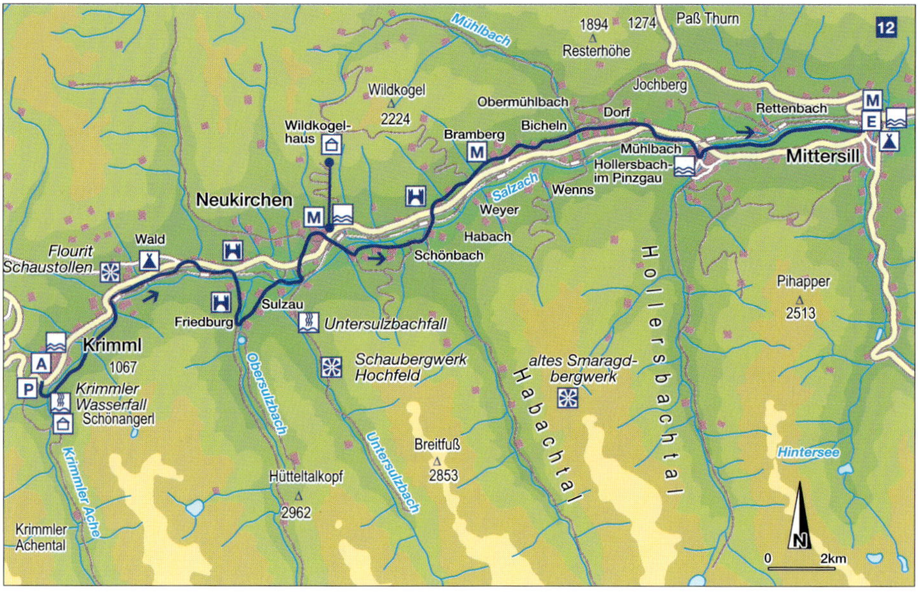

Mittersill. Hier biegt man rechts ab und erreicht den Marktplatz. Der größte Ort des Oberpinzgaus ist die Heimat der Blizzard Ski und liegt an einer alten Wegkreuzung zwischen Salzachtal und der Alpentransversale Felbertauern – Paß Thurn. *Ausflugstip:* Wer einen sanften, aber längeren Anstieg auf der stark befahrenen Felbertauernstraße nicht scheut, kommt zu einer Abzweigung auf eine schmale Asphaltstraße zum **Tauernhaus Spital**. Hier gibt es nicht nur urige Pinzgauer Küche, sondern auch ein unverfälscht gebliebenes historisches Gebäude zu bewundern. Tauernhäuser gab es früher zu beiden Seiten der Tauernübergänge als Rastplätze für die Säumer, die als Lastenträger den Handel über die Alpen betrieben.

Information

• Fremdenverkehrsverband A-5743 Krimml, ✆ 06564/239, Fax 550.
• Fremdenverkehrsverband A-5742 Wald, ✆ 06565/8243-0, Fax 8243-5.
• Fremdenverkehrsverband A-5741 Neukirchen, ✆ 06565/6256, Fax 6550-74.
• Fremdenverkehrsverband A-5733 Bramberg, ✆ 06566/7251, Fax 7681.
• Fremdenverkehrsverband A-5731 Hollersbach, ✆ 06562/8105, Fax 8458.
• Fremdenverkehrsverband A-5730 Mittersill, ✆ 06562/4292, Fax 5007.

Fahrradverleih und Radreparatur

• Krimml: Zweirad Frauenschuh, Oberkrimml 39, ✆ 06564/219, Fax 219-4.
• Neukirchen a. Gr.:Sport Harms, Markt 38, ✆ 06565/6245 u. 6840.
• Bahnhof, ✆ 06565/6218.
• Mittersill: Rad-Shop Breitfuß, ✆ 06562/5858, Fax 5858-5.
• Bahnhof Mittersill, Tel. 06562/243.

Übernachtungen unterwegs

• Krimml: Hotel Krimmlerfälle****, ✆ 06564/203, Fax 473.
• Hotel Gasthof zur Post***, Nr. 18, ✆ 06564/358, Fax 55831.
• Neukirchen a. Gr.: Hotel Kammerlander***, Markt 15, ✆ 06565/6231, Fax 6231-12.
• Gasthof Steiger***, Markt 259, ✆ 06565/6359, Fax 6359-55.
• Hollersbach: Pension Rösslhof***, Nr. 99, ✆ 06562/8175.
• Mittersill: siehe Tour 13.

Urlaub am Bauernhof:
• Wald: Oberbrumauhof, Fam. Wechselberger, Nr. 21, ✆ 06564/8239.
• Neukirchen a. Gr.: Unterburghof, Fam. Brunner, Sulzau 82, ✆ 06565/6318.
• Unterhollaushof, Fam. Brugger, Sulzau 24, ✆ 06565/6425.
• Bramberg: Bauernhof Hotel Habachklause****, Habach 17, ✆ 06566/7390, Fax 7390-77.
• Mittersill: siehe Tour 15.

Einkehrmöglichkeiten

Siehe Hotels und Gasthöfe unter Übernachtungen unterwegs.

Camping

• Wald: S.N.P. Camping, Lahn 65, ✆ 06565/8446, Fax 8209.
• Viktoria, ✆ 06565/8297.
• Mittersill: Comfortcamp, Kirchgasse 9, ✆ 06562/216, Fax 216-44.
• Schmidl, Felben, ✆ 06562/6158.

Highlights

• Krimmler Wasserfälle, höchster Wasserfall Mitteleuropas (380 Meter Fallhöhe in 3 Stufen), Naturdenkmal, Mai bis Oktober täglich, ✆ 06564/212.
• Knappenweg Untersulzbachtal mit Schaubergwerk Hochfeld, historischer Kupferbergbau, Führungen Juli–September täglich außer Sonntag 11 und 13 Uhr, Mai, Juni und Oktober nach Anmeldung, ✆ 06565/6256.
• Kammerlander- und Samerhofstall in Neukirchen a. Gr., originalgeteu renovierte alte Ställe, u.a.Nationalpark-Informationsstelle.
• Heimatmuseum »Wilhelmgut« Bramberg, große Mineraliensammlung.
• Felberturmmuseum Mittersill: siehe Tour 13.

Karten

Freytag & Berndt Wander- und Radkarte 1:50.000, Nr 121.

13 Auf dem Tauernradweg von Mittersill nach Zell am See

Ausgangsort
Mittersill.

Zielpunkt
Zell am See.

Anreise/Abreise
PKW: Über die B 161 von Kitzbühel bzw. B 168 von Zell am See nach Mittersill.
Bahn: Von Zell am See (Westbahn) mit der Pinzgauer Bahn (Schmalspurbahn) bis Mittersill.

Tourenlänge
35 km.

Steigung
Keine.

Eignung für Kinder
Für Kinder ab 7 Jahren geeignet.

Günstigste Jahreszeit
Mai bis September.

Wegcharakter
Abwechslungsreiche, leichte Familientour auf asphaltierten Nebenstraßen, Güterwegen und Radwegen.

Wegmarkierung
»Tauernradweg« in weißer Schrift auf grünen Tafeln.

Empfohlener Radtyp
Mit allen Fahrradtypen befahrbar.

Besonderheiten
Viele Badeteiche und Schwimmbäder unterwegs; Ausstellung »Chinesenstadt« in Piesendorf; Ausflugsmöglichkeit zu den Hochgebirgsstauseen Glockner-Kaprun.

Kombination
Mit Tour 12 und den Touren 14 und 15, ebenfalls am Tauernradweg.

Mittersill erreicht man mit der Pinzgauer Schmalspurbahn ab Zell am See, vom Bahnhof radelt man rechts über den Bahnkörper Richtung Zentrum, wo man auf die »Tauernradweg«-Wegweiser stößt, die Richtung *Stuhlfelden* weisen. Der Hauptort des Oberpinzgaus ist eine gute Empfehlung für eine Nächtigung vor Antritt der Tour, gemütliche und traditionsreiche Wirtshäuser wie der »Bräurup« oder der Gasthof Heitzmann bemühen sich besonders um Radfahrer.
Die Radroute führt auf einer mäßig befahrenen Gemeindestraße in den Ortsteil Felben, wo im historischen **Felberturm** ein sehenswertes Heimatmuseum untergebracht ist. Hier bekommt man einen guten Einblick in das Leben der Oberpinzgauer Bergbauern. Ganz in der Nähe befindet sich auch das **Nationalparkhotel Felben** der Familie Scharler, ein mit mehreren Umweltpreisen für seine ökologische Vorreiterrolle ausgezeichneter Betrieb.
Nun verläuft die Radroute über Güterwege in der Talmitte flach nach Wilhelmsdorf und links weiter bis zur Ortseinfahrt nach Stuhlfelden. Achtung, hier muß die stark befahrene Bundesstraße gequert werden! Dann führt ein kurzer Anstieg ins Dorfzentrum und zum alten Schloß Lichtenau. Die Kirche von Stuhlfelden ist die älteste erhaltene Pfarrkirche des Pinzgaus.
Weiter geht es jetzt nach **Pirtendorf**, für ein kurzes Stück verläuft die Route auf einem schmalen Schotterweg bergauf, dann geht es auf Asphalt weiter und bei der zweiten Abzweigung rechts nach *Uttendorf*. Die Radroute führt bergab zur Unterführung unter der Bundesstraße und weiter über eine Salzachbrücke und dann links ans rechte Salzachufer. In **Uttendorf** gibt es aber auch einen netten Badesee, der am östlichen Ortsausgang an der Bundesstraße liegt. Dort befindet sich eine Informationsstelle des National-

parks Hohe Tauern mit einer kleinen Ausstellung über das Stubachtal und den historischen Paßübergang am **Kalser Tauern**. Einen Ausflug in die Welt der Dreitausender in den Hohen Tauern ermöglichen die **Weißsee-Gletscherbahnen** im Stubachtal (Anreise mit dem Postautobus ist auch möglich). Oder man startet zu einer Schmetterlingspirsch am Lehrweg gleich am nördlichen Ortsrand.
Der Tauernradweg verläuft jetzt am rechten Ufer der Salzach teilweise auf Kies nach *Hauptmannsdorf*. Hier überquert man die Salzach und kommt auf einem asphaltierten Radweg zur Bahnhaltestelle Lengdorf. Danach geht es zurück ans rechte Ufer und weiter nach **Niedernsill,** wo gleich am Ortsanfang rechts eine Abzweigung zum neuerrichteten Freizeitzentrum samt Badesee einlädt.
Der Tauernradweg durchquert Niedernsill und führt weiter nach Jesdorf. Eine wenig befahrene Nebenstraße führt über einige kleine Hügel nach *Piesendorf*. Gleich nach dem Bahnübergang am Ortseingang liegt rechts das »**Hinkelsteinbad«,** wo es einen günstigen Stundentarif für radfahrende Kurzbesucher des Schwimmbades mit seiner Riesenrutsche gibt. Der Tauernradweg führt dann unter der Bundesstraßenunterführung ins Ortszentrum (eine Abkürzung biegt auch gleich beim Sortplatz rechts Richtung *Kaprun* ab). In Gemeindeamt von Piesendorf gibt es eine interessante kleine Ausstellung zu sehen. Sie ist

Beim Yachthafen am Nordende des Zeller Sees.

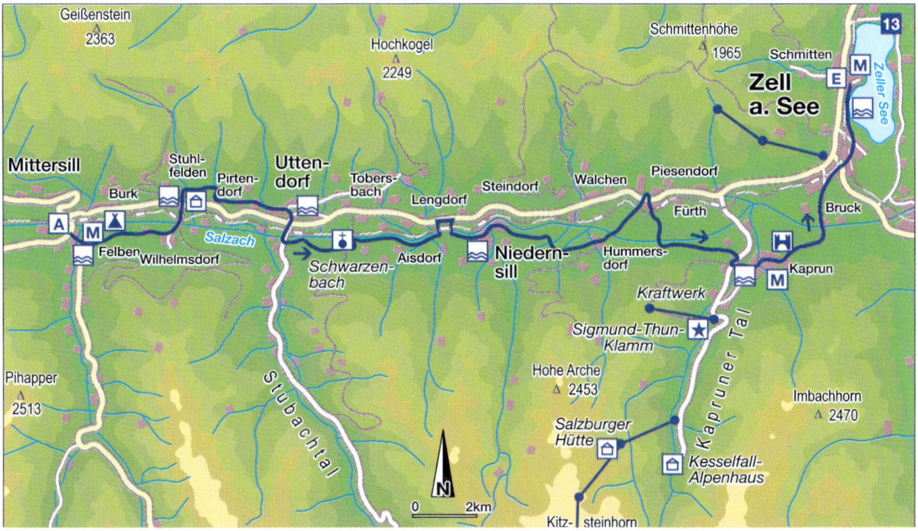

dem Schmiedemeister Sebastian Perfeller gewidmet, der im 19. Jahrhundert von Piesendorf aus zweimal nach Süd- und Nordamerika reiste, wohl ein recht seltsamer Kauz war und schließlich als Einsiedler in einer nach Zeichnungen aus Reisezeitschriften selbst erbauten **»Chinesenstadt«** im Ortsteil Fürth lebte. Dieses Bauwerk, das nach Perfellers Tod verfiel, wurde im Maßstab 1:20 nachgebaut und ist neben vielen Erinnerungen an den seltsamen Weltreisenden aus dem kleinen Pinzgauer Dorf in der Ausstellung zu sehen. Den Schlüssel bekommt man gleich nebenan im Tourismusbüro. Hier gibt es auch Informationen über die »Gratwanderung«, ein sehr bemerkenswertes Festival der neuen »Volxmusik«, das alljährlich über ein Wochenende Ende Juni/Anfang Juli in Piesendorf stattfindet.

Weiter führt der Tauernradweg über die Eisenbahntrasse und eine Salzachbrücke Richtung *Kaprun*. Am Gasthof Einödhof vorbei kommt man zum Umspannwerk der Kraftwerksgruppe Glockner-Kaprun und weiter an die Ortseinfahrt nach Kaprun. Der einst kleine Ort hat erst durch den in den vierziger Jahren begonnenen Kraftwerksbau und dann durch die Erschließung des österreichweit ersten Gletscherskigebietes am **Kitzsteinhorn** eine ungeheure Entwicklung genommen. Heute ist hier tatsächlich ganzjährig Saison, Hotels und Restaurants aller Kategorien beherbergen aber auch gerne Radfahrer am Tauernradweg. Die stilvoll renovierte **Burg Kaprun** ist Zentrum eines beachtlichen Kulturprogrammes. Wer sich mindestens einen halben Tag Zeit nehmen kann, sollte die Auffahrt zu den **Hochgebirgsstauseen Glockner-Kaprun** unternehmen. Ausgangspunkt ist das Kesselfall-Alpenhaus, das mit dem Fahrrad erreicht werden kann. Hier beginnt die Auffahrt mit dem Schrägaufzug zum Speicher Mooserboden. Das Informationszentrum im Kraftwerk Kaprun-Hauptstufe kann täglich kostenlos besichtigt werden, es ist auch Ausgangspunkt für die sehr empfehlenswerte Wanderung durch die wildromantische **Sigmund-Thun-Klamm** (etwa eine Stunde). Die **Kraftwerksgruppe Glockner-Kaprun** symbolisierte über Jahrzehnte den Geist des Wiederaufbaus der österreichischen Industrie nach dem Krieg. Heute steht sie in einem versöhnlichen Gegensatz zu dem rundherum eingerichteten Nationalpark Hohe Tauern.

In Kaprun gibt es zwei Möglichkeiten zur Weiterfahrt: Der Weg durchs Ortszentrum führt links über einen kleine Hügel, auf dem weithin sichtbar die Burg thront, dann weiter bergab und in einer Linkskurve bis zur Salzachbrücke. Hier trennen sich die beiden Routen des Tauernradweges: Am linken Salzachufer weiter Richtung Bruck führt die *Salzachtalroute* (siehe Route 14), geradeaus Richtung Zell am See die *Saalachtalvariante*. Man fährt auf einer mäßig befahrenen Landstraße zwischen dem 36-Loch-Golfplatz und dem Sportflughafen von Zell am See durch und erreicht den Ortsteil Schüttdorf. Dann führt die Beschilderung durch ein Wohngebiet in die Seespitzstraße und an das Süwestufer des Zeller Sees. Am saubersten Badesee Mitteleuropas entlang erreicht man das Zentrum der Bezirkshauptstadt des Pinzgaus. Der Name Zell deutet auf eine frühe Klostergründung hin, heute ist **Zell am See** ein pulsierendes Zentrum des internationalen Tourismus im Salzburger Land.

Die Radroute führt am Bahnhof vorbei zwischen Bahn und Seeufer zum sogenannten **Seespitz**, einer kleinen Halbinsel, auf der das weithin sichtbare Grand Hotel liegt. Links geht es ins Stadtzentrum (Fußgängerzone), geradeaus weiter Richtung Saalfelden (siehe Route 15).

Information

• Fremdenverkehrsverband A-5730 Mittersill, ✆ 06562/4292, Fax 5007.
• Fremdenverkehrsverband A-5724 Stuhlfelden, ✆ 06562/4365, Fax 4365-33.
• Fremdenverkehrsverband A-5723 Uttendorf-Weißsee, ✆ 06563/8279, Fax 8585.
• Fremdenverkehrsverband A-5722 Niedernsill, ✆ 06548/8232, Fax 8428.
• Fremdenverkehrsverband A-5721 Piesendorf, ✆ 06549/7239, Fax 8221.
• Fremdenverkehrsverband A-5710 Kaprun ✆ 06547/8643-0, Fax 8192.
• Zell am See: siehe Tour 15

Fahrradverleih und Radreparatur

• Mittersill: Rad-Shop Breitfuß, ✆ 06562/5858, Fax 5858-5.
• Bahnhof Mittersill, ✆ 06562/243.
• Uttendorf: Fa. Gerhart, Bahnhofstraße, ✆ 06563/8220.
• Piesendorf: Sport Bründl, Nr. 163, ✆ 06549/7237.
• Kaprun: Zweiradcenter Oberhauser, ✆ 06547/8360.
• Sport Bründl, ✆ 06547/8388-32.

Übernachtungen unterwegs

• Mittersill: Hotel Bräurup****, Kirchgasse 9, ✆ 06562/216, Fax 216-44.
• Gasthof Heitzmann***, Marktplatz 18, ✆ 06562/3040, Fax 3044-4
• Stuhlfelden: Gasthof Flatscherwirt***, Nr. 1, ✆ 06562/4244, Fax 4244-4.
• Uttendorf: Hotel Liesenwirt****, Dorfplatz 26, ✆ 06563/8218, Fax 8218-8.
• Niedernsill: Gasthof Hacklwirt***, ✆ 06548/8220, Fax 8220-95.
• Piesendorf: Gasthof Mitterwirt***, Nr. 44, ✆ 06549/7203, Fax 7203-4.
• Haus Wegscheider***, Nr. 140, ✆/Fax 06549/7234.
• Kaprun: Hotel Orgler****, Nr. 22, ✆ 06547/8205, Fax 7567
• Gasthof Auhof***, Nr. 560, ✆ 06547/8540-0, Fax 8540-20
• Zell am See: siehe Tour 15.

Urlaub am Bauernhof:
• Mittersill: Bauernhof , Nationalparkhotel Felben****, ✆ 06562/4407, Fax 4785-72.
• Uttendorf: Brennerhof, Fam. Kogler, Schwarzenbach 10, ✆ 06563/8685.
• Gassenbauerhof, Fam. Hasenauer, Schwarzenbach 18, ✆ 06563/8691.
Jugendherberge:
• Kaprun, N.-Gassner-Straße 448, ✆ 06547/8507, Fax 75223.
• Zell am See: siehe Tour 15.

Einkehrmöglichkeiten

Siehe Hotels und Gasthöfe unter Übernachtungen unterwegs.

Camping

• Mittersill: Camping Felben, ✆ 06562/6158.
• Kaprun: Gasthof zur Mühle, ✆ 06547/8254, Fax 8254-89.
• Zell am See: siehe Tour 15.

Highlights

• Felberturmmuseum Mittersill, 5.000 Exponate, u.a. Mineralienschau, Alpinismus, Skisport, Museumsbezirk mit alter Mühle, Eisenbahnmuseum und Feuerwehrschau, geöffnet Juni–Mitte Oktober Montag bis Freitag 10–18 Uhr, Samstag u. Sonntag 13–17 Uhr u. nach Anmeldung, ✆ 06562/4444 u. 4292.
• Uttendorf: Schmetterlingslehrweg , ab Dorfplatz, Führungen auf Anfrage, ✆ 06563/8279.
• Piesendorf: »Perfellers Chinesenstadt«, Ausstellung (u.a. Modell) im Kulturraum des Gemeindeamtes, Schlüssel beim FVV erhältlich, ✆ 06549/7239.
• Kaprun: Sigmund-Thun-Klamm, Naturdenkmal, neuer Holzsteg bis zum Erholungsarreal Klammsee (u.a. Naturlehrweg), geöffnet Ende Mai–Anfang Oktober.
• Tauernkraftwerke (Kraftwerksgruppe Glockner-Kaprun) mit den Stauseen Wasserfallboden und Mooserboden. Besichtigung Ende Mai bis Mitte Oktober täglich 8–16 Uhr, Busse ab Kesselfall Alpenhaus mit anschließender Auffahrt mit dem Lärchwand Schrägaufzug.
• Zell am See: siehe Tour 15.

Karten

Freytag & Berndt Wander- und Radkarte 1:50.000, Nr. 382

14 Auf dem Tauernradweg von Zell am See nach Bischofshofen

Ausgangsort
Zell am See.

Zielpunkt
Bischofshofen.

Anreise/Abreise
PKW: Über die B 311 von der Tauernautobahn A 10 nach Bischofshofen bzw. Zell am See oder über die B 312 von der Autobahnabfahrt Siegsdorf/D nach Zell am See.
Bahn: Sowohl Zell am See wie auch Bischofshofen liegen direkt an der Westbahn.

Tourenlänge
55 km.

Steigung
Mehrere kurze, aber steile Anstiege vor Taxenbach und vor Schwarzach.

Eignung für Kinder
Für sportliche Kinder ab 10 Jahren.

Günstigste Jahreszeit
Mai bis Oktober.

Wegcharakter
Bis Taxenbach Güterwege und kurze geschotterte Abschnitte, dann auf der verkehrsentlasteten alten Salzachtal-Bundesstraße nach Lend, asphaltierte Nebenstraßen bis Schwarzach, gekiester Radweg bis Bischofshofen.

Wegmarkierung
»Tauernradweg« in weißer Schrift auf grünen Tafeln.

Empfohlener Radtyp
Trekkingrad oder Mountainbike.

Besonderheiten
Kitzlochklamm, Liechtensteinklamm.

Kombination
Mit Touren 12, 13,16 Tauernradweg.

Zell am See, die Bezirkshauptstadt des Pinzgaus, ist mit Intercity-Zügen leicht erreichbar. Auch *Bischofshofen* ist ein Intercity-Bahnhof, daher ist die folgende Tour besonders in Kombination mit An- oder Abreise per Bahn empfehlenswert.
Vom Bahnhof Zell am See fährt man durch die Salzmannstraße zum ersten Bahnübergang, um an die Esplanade am Seeufer zu gelangen. Auf einer kleinen Halbinsel liegt das Grand Hotel, links geht es ins Zentrum (Fußgängerzone) der alten Stadt.
Besonders bei schönem Wetter lohnt es sich, nicht direkt von Zell am See nach Bruck zu radeln, sondern den See an seiner Nordseite zu umrunden. Man folgt zuerst den Wegweisern »Tauernradweg«, bis sich genau am Nordende des Sees die Saalachtalroute Richtung *Maishofen* nach links wendet. Geradeaus geht es an der stark befahrenen Landstraße weiter nach Thumersbach, man kommt am **Strandbad** und an einem großen Campingplatz vorbei und durchfährt den am Ostufer gelegenen Ortsteil Thumersbach, wo es nochmals ein schönes **Strandbad** gibt.
Die Beschilderung weist nun bereits nach *Bruck* an der Glocknerstraße, vor der Ortseinfahrt links liegt das in Privatbesitz befindliche Schloß Fischhorn. Im Ortszentrum von Bruck kommt man an zwei großen Gasthöfen vorbei und biegt dann erst rechts und dann links ab, immer der Beschilderung »Tauernradweg« Richtung *Taxenbach* folgend. Der Ort Bruck ist Ausgangspunkt für einen Abstecher auf die *Großglockner Hochalpenstraße*, die in den zwanziger Jahren als Beschäftigungsprogramm für ein Heer von Arbeitslosen geplant war und seit ihrer Fertigstellung eine der größten Touristenattraktionen Österreichs ist. Auch auf Radfahrer übt sie eine große Anziehungskraft aus, die

Königsetappe der jährlich stattfindenden Österreich-Rundfahrt führt von Bruck zum Fuscher Törl (2404 m).
Aber immerhin sind ab Bruck 1600 Höhenmeter zu bewältigen, die Fahrzeit ab der Mautstelle in Ferleiten (1150 m) beträgt 1,5 bis 2 Stun-den bei einer gleichmäßigen Steigung von 12 %.
Der Tauernradweg führt östlich von Bruck unter der Bundesstraße durch auf einen Güterweg, der am rechten Salzachufer verläuft. Vorbei am Ortsteil *Gries* geht es auf einem stellenweise recht schmalen, meist gekiesten Weg durch Auwald. Vorsicht, einige kleine Bäche werden ohne Vorwarnung auf sehr schmalen Brücken gequert, die nur aus einer am rechten Wegrand angebrachten Holzlatte bestehen! Dann windet sich der Weg in kurzen, aber steilen Anstiegen nach rechts zu einigen Bauernhöfen, die hoch ober dem Salzachtal an den Hängen des Thannberges liegen. Schließlich muß man für 300 Meter sogar über einen Wiesenweg radeln und kommt zu einer steilen Abfahrt zur hölzernen Wolfbachbrücke. Jetzt geht es weiter bergab auf einer Asphaltstraße, die dann nochmals recht steil bis zur Einmündung in die *Rauriser Landesstraße* führt. Man biegt links ab und radelt talwärts zur Einmündung in die stark befahrene B 311. So erreicht man **Taxenbach**, wo man sehr vorsichtig links ins Dorfzentrum abbiegt.
Die Gemeindestraße führt im Ortszentrum an mehreren Wirtshäusern vorbei, die gut auf hungrige Radler eingestellt sind. Dann muß man wieder sehr vorsichtig links in die B 311 einbiegen. Nun beginnt ein Wegabschnitt, der wegen einiger sehr gefährlicher Verkehrsituationen an der stark befahrenen B 311 ausgesprochen unangenehm ist. Erst bleibt man für etwa 500 Meter direkt an der Bundesstraße. Am Ortsausgang von Taxenbach lohnt ein Ausflug zur **Kitzlochklamm** mit ihrem sehenswerten Wasserfall. Die B 311 führt dann zu einem Tunnel, kurz davor

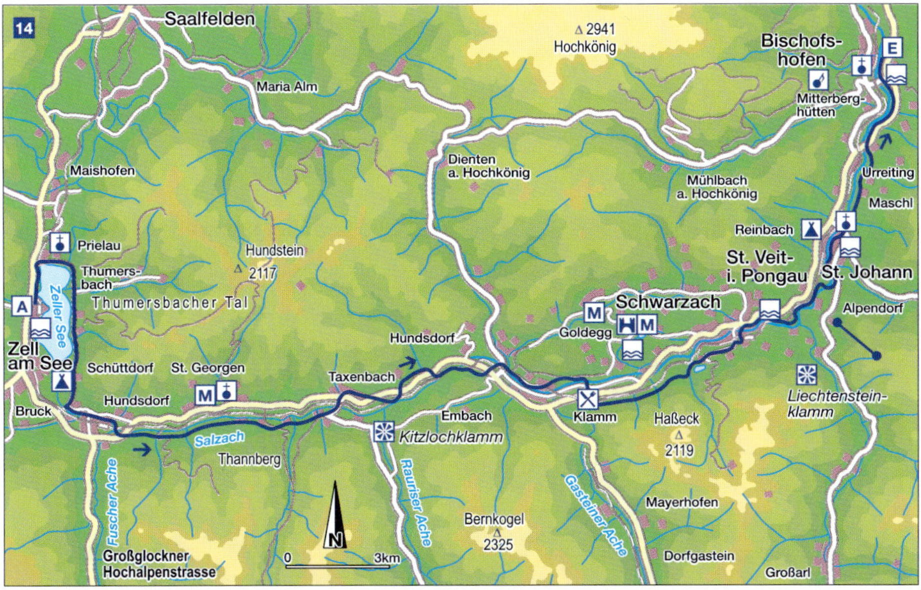

Die Liechtensteinklamm ist die bedeutendste Klamm der Ostalpen. Ein sicherer Steig führt 1,2 Kilometer lang am Durchbruch der Großarler Ache entlang ins Salzachtal.

zweigt rechts ein Radweg ab und umfährt den Tunnel. Allerdings führt dieser Weg dann zurück zur B 311, die hier aufgrund einer Fehlplanung der Straßenbauverwaltung an einer unübersichtlichen Stelle gleich nach der Tunnelausfahrt zu queren ist. Leider haben die Behörden es trotz der vielen Tauernradwegfahrer bislang abgelehnt, wenigstens eine Geschwindigkeitsbegrenzung für den Autoverkehr oder sonstige Schutzmaßnahmen für Radfahrer zu verordnen. Nun verläuft der Radweg links von der B 311, unterfährt diese dann und kehrt nochmals ungesichert für etwa 800 Meter an die Bundesstraße zurück, bevor man dann erleichtert rechts nach *Eschenau* abbiegt.

Jetzt verläuft die Radroute auf der ehemaligen Bundesstraße, die durch den Bau der vierspurigen Schnellstraße hoch über dem Tal vom Durchzugsverkehr entlastet ist. Der lokale Autoverkehr wird durch Warnschilder auf den verstärkten Fahrradverkehr aufmerksam gemacht. So kommt man durch den Industrieort Lend mit seiner **Aluminiumhütte**. Gleich hinter dem Industriebauwerk ergibt sich rechts ein Blick auf einen *Wasserfall*, in dem die Gasteiner Ache ins Salzachtal herabstürzt. Hoch darüber sieht man die Betonstelzen der Schnellstraße.

Man bleibt noch für etwa einen Kilometer auf der alten Bundesstraße und biegt dann scharf rechts in eine Unterführung unter der Bahntrasse ab Richtung *Posaunerwirt*. Jetzt kommt eine 900 Meter lange extrem steile Steigung, die nur sehr Sportliche im Sattel bewältigen. An einer Imbißstube vorbei unterquert man die Schnellstraße und muß nochmals ein paar Meter steil bergauf zum Posaunerwirt strampeln. Dahinter führt eine wenig befahrene Nebenstraße hinauf zu einem Bahnübergang und weiter hoch über dem Salzachtal mit malerischen Ausblicken

jetzt meist flach zum sogenannten Ausgleichsbecken. Hier wird Wasser für das Kraftwerk Schwarzach gespeichert. Der anstrengendste Teil der Radtour ist nun bewältigt. Dafür wird man mit schönen Ausblicken auf die *Pongauer Sonnenterrasse* entschädigt, das sind die an den Hängen am gegenüberliegenden Salzachufer liegenden Ortschaften St. Veit und Goldegg.
Es folgt eine teilweise recht steile Abfahrt auf einer asphaltierten Nebenstraße nach *Schwarzach.* Der Ort ist ein wichtiger Bahnknotenpunkt: Hier zweigt die Tauernbahn ins Gasteiner Tal ab, wo sie durch den Tauerntunnel nach Mallnitz und Villach in Kärnten weiterführt. Noch vor dem Bahnhof biegt man links ab (hier steht eine weitere Tauernradweg-Panoramatafel) und quert Eisenbahn und Salzachbrücke. Oder man bleibt noch am rechten Ufer und folgt den Wegweisern zum **Braugasthof Schwarzach**, bekannt für einen gemütlichen Gastgarten, schmackhafte Hausmannskost und das mehrfach prämierte Schwarzacher Bier (Freunde des Gerstensaftes sollten das dunkle »Tauerngold« vom Faß probieren). Das Ortszentrum mit weiteren Gasthöfen liegt am linken Ufer der Salzach (Vorsicht bei der Querung der B 311!), die Radroute biegt jedoch gleich nach der Brücke zweimal rechts ab und führt durch die Sportplatzstraße ans Salzachufer und am neuen **Erlebnisbad** vorbei.
Wir befinden uns jetzt im Bereich der mittleren Salzach, die in mehreren Stufen aufgestaut ist. Im Rahmen des Baues der Kraftwerke wurde meist an beiden Ufern ein flußbegleitender Radweg errichtet, stark befahrene Bundesstraßen bleiben uns also ab hier bis Bischofshofen erspart.
Variante durch Schwarzach: Recht interessant ist der Bereich des **Kraftwerks Schwarzach-Wallnerau**, das am süd-

An der Mittleren Salzach verläuft ein gekiester Radweg an beiden Ufern des Flusses, der hier von Kraftwerken aufgestaut ist.

westlichen Ortseingang liegt. Gleich drei Kraftwerke produzieren hier auf verschiedene Weise Strom – das Kraftwerk Schwarzach verarbeitet das Wasser aus dem Ausgleichsbecken, an dem die Radroute vorbeiführte. Dasselbe Wasser wird nochmals unsichtbar, weil unterirdisch im Kraftwerk Wallnerau genutzt, das Flußkraftwerk Wallnerau schließlich wird vom Wasser der hier aufgestauten Salzach gespeist.
Der Radweg bleibt nach Schwarzach am linken Flußufer und führt am Schotterwerk vorbei auf Kies zu einer Holzbrücke. Hier kann man rechts über den Fluß zur **Liechtensteinklamm** abbiegen. Der sehenswerte Felsdurchbruch der Großarler Ache ist speziell an heißen Sommertagen eine willkommene Erfrischung, denn in der engen Klamm ist es immer kühl und feucht. Für die Durchwanderung benötigt man etwa eine Stunde, warme Kleidung und eventuell Regenschutz gegen die Gischt der Wasserfälle sind empfehlenswert.

Wer die Liechtensteinklamm ausläßt, bleibt am linken Ufer und fährt etwa 2 Kilometer weiter flußabwärts über eine weitere Holzbrücke für Radfahrer ans rechte Ufer, wo der Radweg nun nach *St. Johann* führt.

Der Bezirkshauptort des Pongaus liegt etwas oberhalb der Salzach, die große Kirche mit ihren zwei mächten Türmen (der **»Pongauer Dom«**) ist das weithin sichtbare Wahrzeichen. Ab dem Kraftwerk St. Johann gibt es Radwege an beiden Ufern der Salzach, die weitgehend verkehrsfrei an St. Johann vorbeiführen. Um ins Ortszentrum zu gelangen, biegt man bei der stählernen Windskulptur »Sphärisches Mobile« des Künstlers Guido Friedl im Kraftwerksbereich rechts ab. Der landschaftlich schönere Radweg verläuft nun am rechten Salzachufer und führt zum **Kraftwerk Urreiting**. Der fein gesandete Weg führt in vielen Kurven recht malerisch und teilweise schmal durch Aulandschaft mit eigens nach dem Kraftwerksbau geschaffenen Seichtwasserbuchten, die den Fischen als Laichplätze dienen. Schüler aus Bischofshofen haben hier einen Umweltlehrpfad angelegt. Vorbei an einem Hubschrauberlandeplatz und an einer Badebucht kommt man nach **Bischofshofen** (auch hier steht eine Tauernradweg- Panoramatafel zur Orientierung). Bei der Salzachbrücke biegt man links ab und kommt ins Ortszentrum bzw. gleich nach dem Bahnübergang rechts zum Bahnhof.

Bischofshofen ist ein geschäftiger Einkaufsort mit wenig Tourismus. Trotzdem ist man hier gerade um Radfahrer am Tauernradweg besonders bemüht. International in den Schlagzeilen ist der Ort alljährlich zu Dreikönig, wenn auf der westlich des Zentrums gelegenen **Großschanze** der Schlußbewerb der Vier-Schanzen-Tournee der Skispringer ausgetragen wird.

Information

- Kurverwaltung A-5700 Zell am See, ✆ 06542/770, Fax 2032.
- Fremdenverkehrsverband A-5671 Bruck/Großglockner, ✆ 06545/7295, Fax 6505.
- Fremdenverkehrsverband A-5660 Taxenbach, ✆ 06543/5252, Fax 6189.
- Fremdenverkehrsverband A-5651 Embach-Lend, ✆ 06543/7215, Fax7340.
- Fremdenverkehrsverband A-5620 Schwarzach, ✆ 06415/7520, Fax 7933.
- Fremdenverkehrsverband A-5621 St. Veit, ✆ 06415/7488, Fax 6640-30.
- Fremdenverkehrsverband A-5600 St. Johann-Alpendorf, ✆06412/6036, Fax 6036-74.
- Fremdenverkehrsverband A-5500 Bischofshofen, ✆ 06462/2471, Fax 3605.

Fahrradverleih und Radreparatur

- Zell am See: siehe Tour 15.
- Bruck: Radsport Bründl, Glocknerstraße 2, ✆ 06545/7594.
- Hotel Lukashansl, Salzburger Straße 1, ✆ 06545/7458.
- Taxenbach: Shell-Tankstelle Kendlbacher, Markt 111, ✆ 06543/6121.
- Schwarzach: Intersport Pointner, Salzburger Straße 18, ✆ 06415/389-0, Fax 389-6.
- St. Johann: Zweiradcenter Kappacher, Industriestraße, ✆ 06412/8418, Fax 8453.
- Bahnhof, ✆ 06412/4226.
- Bischofshofen: Jet-Tankstelle, Gasteiner Straße 70, ✆ 06462/2302.
- Sportcenter Juss, Sparkassenstraße 22, ✆ 06462/4196.

Übernachtungen unterwegs

- Zell am See: siehe Tour 15.
- Bruck: Hotel Alpenhof Hörl***, Kaprunerstraße 25a, ✆ 06545/7335, Fax 7335-4.
- Gasthof Sportcamp Woferl, Krössenbachstr. 40, ✆ 06545/7303, Fax 7303-3.
- Taxenbach: Taxenbacherhof***, Markt 112, ✆ 06543/5215, Fax 5215-4.
- Gasthof Sonnhof***, Markt 118, ✆ 6543/5240.
- Schwarzach: Hotel Schwarzacherhof***, ✆ 06415/397, Fax 397-34.
- Hotel Post***, ✆/Fax 06415/212.
- Bischofshofen: Gasthof Alte Post***, Alte Bundesstraße 5, ✆ 06462/2307 u. 2646, Fax 2307-37.

Urlaub am Bauernhof:
• Zell am See: siehe Tour 15.
• Bruck: Ginzhof, Fam. Bürgler, Pichldorferstraße 5, ✆ 06545/7327.
• Taxenbach: Raingut, Höf 16, ✆ 06543/5232.
• Niederhofgut, Fam. Radacher, Hof 15, ✆ 06543/5292.
• St. Johann: Höringhof, Fam. Schnell, Urreiting 40, ✆ 06412/6439.

Jugendherberge:
• Zell am See: siehe Tour 15.
• Bruck: Jugendgästehaus Spitzlburger, Glocknerstraße 41, ✆ 06545/7321.

Camping
• Zell am See: siehe Tour 15.
• Bruck: Sportcamp Woferl, Krössenbachstr. 40, ✆ 06545/7303, Fax 7303-3.
• St. Johann: Wieshof, Wieshofgasse 8, ✆ 06412/8519 u. 8292, Fax 8292-9.
• Hirschenwirt, Reinbach 113, ✆ 06412/6012.
• Kastenhof, Kastenhofweg 6, ✆ 06412/5490.

Einkehrmöglichkeiten
• Schwarzach: Bräustüberl,Brauhausgasse 28, ✆ 06415/7536.
• Siehe auch Hotels und Gasthöfe unter Übernachtungen unterwegs.

Highlights
• Großglockner Hochalpenstraße, Mautstraße geöffnet Mitte Mai–Ende Oktober, Glocknerbus von Zell am See zur Franz-Josefs-Höhe (2369 m, oberhalb des Pasterzengletschers, gegenüber des Großglockners), ✆ 0662/873673-0.
• Taxenbach: Kitzlochklamm mit Tropfsteinhöhle und Kitzlochfall, Besichtigung Mai–Oktober täglich 8–18 Uhr, ✆ 06543/5202-23.
• St. Johann: Liechtensteinklamm, bedeutendste Klamm der Ostalpen, am Ende Rastplatz mit Plattform zum Wasserfall, Naturdenkmal, Besichtigung Mai–Oktober täglich 8–17 Uhr, ✆ 06412/8572.
• Pongauer Dom, 924 erwähnt, 1855-61 nach Brand Wiederaufbau im mächtigen neugotischen Stil, bedeutendstes Denkmal des Historismus im Salzburger Land.

Karten
Freytag & Berndt Wander- und Radkarte 1:50.000, Nr. 103

15 Durch das Saalachtal von Zell am See nach Unken

Vom Bahnhof Zell am See fährt man die *Salzmannstraße* entlang bis zur Bahnunterführung rechts an die Esplanade. Nun folgt man dem Rad- und Fußweg, der parallel zum Seeufer verläuft, kommt am Grand Hotel vorbei und erreicht den **Yachtclub** am Nordende des Sees. Hier geht es links auf einen schmalen Weg Richtung *Schloß Prielau* und *Maishofen* (geradeaus kommt man zum Strandbad). Hier beginnt die *Saalachtalroute* des Tauernradweges. Man quert die Thumersbacher Landesstraße und fährt in einem Halbkreis um das vornehme Schloß Prielau herum, das eines der besten Restaurants der Region und ein exklusives kleines Hotel beherbergt. Auf einer wenig befahrenen Asphaltstraße erreicht man schließlich ein Wohngebiet, das bereits zu Maishofen gehört. Man biegt links unter die Bahnunterführung ein und erreicht das Zentrum des Ortes, der sich **»familienfreundliches Fahrraddorf Maishofen«** nennt (siehe Route 18). Links sieht man jetzt den Eingang des *Glemmtales,* Wintersportlern durch den Weltmeisterschaftsort **Saalbach-Hinterglemm** wohlbekannt.
Die Radroute führt am Gasthof Unterwirt und an der Schule vorbei Richtung *Schloß Kammer*. Das weithin sichtbare große Anwesen birgt ein urtypisches Pinzgauer Wirtshaus mit schmackhafter Hausmannskost und einen großen landwirtschaftlichen Betrieb. Vor dem Gut Kammer biegt man links Richtung *Gerling* ab, wo eine Filialkirche aus dem 12. Jahrhundert mit einem sehenswerten Mesnerhaus steht. Außerdem hat man von hier prächtige Ausblicke in die umliegende Bergwelt.

Ausgangsort
Zell am See.

Zielpunkt
Unken.

Anreise/Abreise
PKW: Über die B 311 von der Tauernautobahn A 10 nach Zell am See bzw. über die B 312 von Salzburg oder der Autobahnabfahrt Siegsdorf nach Unken.
Bahn: Zell am See liegt an der Westbahn, von Unken gibt es regelmäßige Busverbindungen nach Salzburg bzw. Saalfelden (Westbahn).

Tourenlänge
61 km.

Steigung
Wenige kurze Anstiege zwischen Maria Alm und Saalfelden.

Eignung für Kinder
Für Kinder ab 10 Jahren geeignet.

Günstigste Jahreszeit
Mai bis Oktober.

Wegcharakter
Auf verkehrsarmen Nebenstraßen von Zell am See bis Saalfelden, dann kurze Stücke auf der stark befahrenen Bundesstraße 311. Gekiester Radweg zwischen Lofer und Unken.

Wegmarkierung
»Tauernradweg« auf grünen Tafeln.

Empfohlener Radtyp
Mit allen Fahrradtypen befahrbar.

Besonderheiten
Badesee in Saalfelden; Erlebnisbad in Maria Alm; Einsiedelei am Palfen bei Saalfelden; Lamprechtshöhle; Seisenbergklamm und Vorderkaserklamm bei Weißbach: mehrere ausgezeichntete Gasthöfe und kinderfreundliche Jausenstationen.

Kombination
Mit Routen 12 und 13 am Tauernradweg.

Im Süden liegen die Hohen Tauern mit dem ewigen Schnee der Glocknergruppe und des Kitzsteinhorns, im Norden das Steinerne Meer und die Leoganger Steinberge. Gerling selbst liegt am Fuß der **Schwalbenwand**, die einer der höchsten Grasberge des Pinzgaues ist und für ihren besonders eindrucksvollen Panoramaausblick bekannt ist. In Salzburg nennt man die schroffen Felsformationen der Kalkhochalpen **»Steinberge«,** die gras- und waldbewachsenen Hügel der Schiefergebirge **»Grasberge«.**
In Gerling biegt eine Route über den Ritzensee nach *Saalfelden* ab. Landschaftlich schöner ist der Weg über *Maria Alm*.
Etwas hügelig fährt man auf einer Nebenstraße nach **Almdorf** (siehe Bild Seite 8) , wo eine Gruppe von vier typischen Pinzgauer Bauernhäusern an einer Abzweigung steht. Die Route führt an einer Hauskapelle vorbei zum Gasthof Osterthor und weiter zur Hochkönig-Bundesstraße, auf die man für 200 Meter rechts einbiegt. Dann geht's links ab in den Ortsteil Schinking und am Urslaubach entlang ins Zentrum von Maria Alm.
Der Wallfahrtsort am Fuße des Steinernen Meeres wird von Salzburgs höchstem und spitzestem Kirchturm überragt. Im Ortszentrum lädt das *Restaurant Haller* Liebhaber von Pinzgauer Spezialitäten abends zum Essen. Der Gault Millau zeichnet das gemütliche Kellerlokal mit einer Haube aus. Wer tagsüber kräftig jausen möchte und dabei noch einen herrlichen Blick über die Berge rund um Maria Alm genießen möchte, sollte von hier aus einen Ausflug zum **Bergrestaurant Kronreith** unternehmen. Dazu fährt man durchs Ortszentrum und dann nach links (geradeaus ginge es zum neuen Erlebnisbad), wo ein knapp 2 Kilometer langer, meist jedoch leichter Anstieg hinaufführt.
Die Radroute führt von Maria Alm im

Ortszentrum rechts mit einem kurzen, steilen Anstieg nach Schinking und weiter am *Golfplatz Urslautal* vorbei auf einer Sandstraße nach *Rain* und *Ramseiden*. Hier biegt man links nach *Saalfelden* ab oder macht Rast beim Theurerhof (dazu muß man bei der genannten Abzweigung für etwa 100 Meter nach rechts fahren). Die Route führt auch am ebenfalls haubengekrönten **Gasthof Schatzbichl** vorbei und nähert sich nun von Osten Saalfelden, dem Einkaufszentrum des Pinzgaues mit großen Supermärkten und Kaufhäusern (siehe auch Route 20).
Wer nicht ins Zentrum von Saalfelden radeln will, biegt bei der Tennishalle rechts ab und umfährt den Ort im Nordosten. Rechts oberhalb der Route liegen das *Schloß Lichtenberg* (Privatbesitz) und eine kleine strahlend weiße Kapelle, die wie ein Vogelnest am Fels klebt. Das ist die **Einsiedelei am Palfen**, die man allerdings nur zu Fuß erreichen kann. Bekannt wurde die letzte Eremitage des Salzburger Landes, als ein früherer Einsiedler in Robert Lembkes Beruferraten »Was bin ich?« auftrat. In den letzten Jahren haben verschiedene Einsiedler den Palfen bewohnt und das helle Glöckchen der Kapelle geläutet. Nebenbei verkaufen sie auch schon mal ein kühles Getränk an vorbeikommende Wanderer.
Der neue Radweg führt unterhalb von Lichtenberg vorbei über Bachwinkl Richtung Sporthotel Brandlhof. Am Golfplatz vorbei kommt man zum Hoteleingang und weiter zum Verkehrsübungsplatz des ÖAMTC. Hier endet der asphaltierte Weg.

Bei Saalfelden kann man am Tauernradweg zwischen mehreren Varianten wählen. Über den Ritzensee kommt man ins Zentrum.

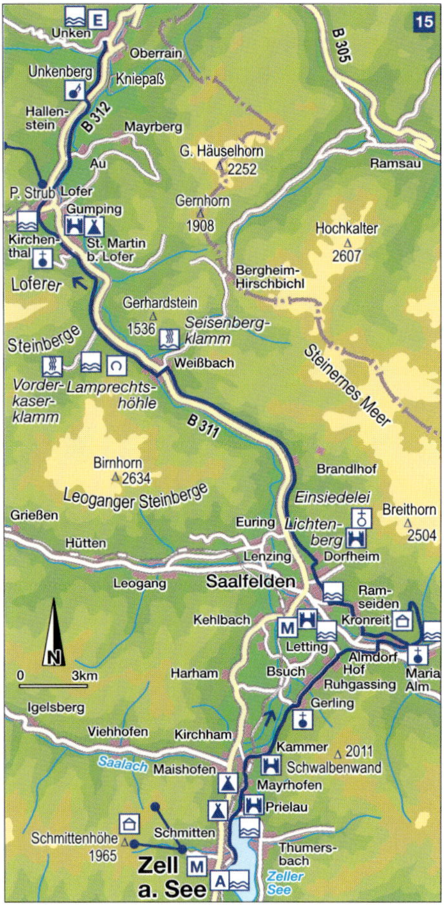

Auf Kies geht es noch bis zur nahe gelegenen Schottergrube, wo man sich zwischen zwei Routen entscheiden muß. Wer kein geländegängiges Mountainbike hat, muß hier links abbiegen und an die stark befahrene Bundesstraße 311, die in etwa 6 Kilometern nach *Weißbach* führt. Der Radweg, der diese unangenehme Strecke entschärfen soll, ist leider erst in Planung. Mountainbiker können auf dem grob geschotterten Weg geradeaus weiterfahren. Bald verengt sich der Weg auf einen einspurigen Pfad, der sich durch dschungelartiges Dickicht am Fuße der Felswände des Steinernen Meeres entlangwindet. Man kommt unter dem Druckrohr des **Kraftwerkes Dießbach** durch, fährt an Bienenstöcken vorbei und erreicht einen Rastplatz, der für Kletterschüler des Österreichischen Alpenvereins eingerichtet ist, die hier in der Felswand ihren Sport erlernen. Hier muß man links abbiegen und für die letzten drei Kilometer ebenfalls an die B 311 nach Weißbach. Vorsicht, die Strecke ist steinschlaggefährdet! Bitte außerdem die Weidegatter an der Strecke nach der Durchfahrt wieder schließen.

So erreicht man das kleine Dorf Weißbach, wo ein Radweg beginnt, der vorerst rechts neben der B 311 verläuft. Im Ortszentrum kann man rechts zur wildromantischen *Seisenbergklamm* abbiegen. Die Radroute überquert in der Ortsmittte die Bundesstraße und verläuft bis zur **Lamprechtshöhle** links neben der B 311. Hier lockt eine Besichtigung dieser sagenumwobenen Höhle, in der angeblich eine der Töchter des Ritters Lamprecht ihre Goldschätze verstecken wollte (siehe Kasten). Für die etwa einstündige Wanderung ins Innere des Berges sollte man unbedingt warme Kleidung dabeihaben. Wieder folgt ein Stück Fahrt an der B 311 (Radweg 1997 in Bau, bitte auf die Beschilderung »Tauernradweg« achten, die sofort nach Fertigstellung des Radweges geändert wird). Man kommt am Parkplatz **Vorderkaserklamm** vorbei, wo links ein schönes Naturbadegebiet und eine Jausenstation am Klammeingang liegen. Wo die Bundesstraße ans rechte Saalachufer wechselt, bleibt man links auf einem Wanderweg, der allerdings nach gut einem Kilometer wieder an die B 311 zurückführt. Nun ist es nicht mehr weit nach *St. Martin*, wo man links in den Ort einbiegt und endlich die B 311 hinter sich läßt.

Von St. Martin fährt man erst auf einem Radweg und dann auf einer Nebenstraße Richtung *Moorbad Hochmoos*. Dann überquert man die Loferer Bundesstraße und biegt in das verkehrsberuhigte Zentrum des Ortes ein. Für Radler ist die Durchfahrt durch den hübschen Ortskern von **Lofer** mit seinen traditionsreichen Gasthöfen und winkeligen Gassen ein besonderes Erlebnis. Rechts liegt der Gasthof »Bräu«, in dem der später als Architekt der Salzburger Festspielhäuser berühmt gewordene Clemens Holzmeister in seinen jungen Jahren einen Festsaal einrichtete.

An der nördlichen Ortsausfahrt nimmt man die erste Möglichkeit wahr, rechts an das Ufer der Saalach abzubiegen. Hier beginnt ein neuangelegter Radweg mit Kiesbelag, der sehr malerisch am linken Flußufer verläuft. Oft sieht man an diesem Streckenabschnitt Raftingboote und Kajaks der Wildwasserenthusiasten aus nächster Nähe. Erst in Reit muß man zurück an die Bundesstraße, wo für ein kurzes Stück der Radweg am linken Rand der stark befahrenen Straße verläuft. Bei der Talenge am sogenannten *Kniepaß* (keine Angst: Es geht weiterhin die Saalach entlang bergab) biegt die Route links auf eine Nebenstraße ein, die nach *Unken* führt. Der Ort ist seit 1995 nach der Eröffnung des Umfahrungstunnels vom Durchzugsverkehr befreit und daher sehr fahrradfreundlich. Als Ausflugsgebiet mit bestechend schöner Naturlandschaft lockt das **Heutal**.

Wer Lust hat, kann am Tauernradweg über deutsches Gebiet weiterradeln. Die Route folgt der Salzach und führt über die »grüne Grenze« nach *Schneizlreuth* und *Bad Reichenhall*. Bei Marzoll kehrt man über einen eigens für Radler eingerichteten Grenzübergang nach Salzburg zurück.

Information

• Kurverwaltung A-5700 Zell am See, ✆ 06542/770, Fax 2032.
• Fremdenverkehrsverband A-5751 Maishofen, ✆ 06542/68318, Fax 68318-8.
• Fremdenverkehrsverband A-5761 Maria Alm, ✆ 06584/7816, Fax 7600.
• Fremdenverkehrsverband A-5760 Saalfelden, ✆ 06582/72513, Fax 75398.
• Fremdenverkehrsverband A-5093 Weißbach, ✆ 06582/8383, Fax 8323.
• Fremdenverkehrsverband A-5092 St. Martin bei Lofer, ✆ 06588/(8)520, Fax (8)520-5.
• Fremdenverkehrsverband A-5090 Lofer, ✆ 06588/(8)321-0, Fax 7464.
• Fremdenverkehrsverband A-5091 Unken, ✆ 06589/245, Fax 502.

Fahrradverleih und Radreparatur

• Zell am See:Radverleih Sulzer, Kitzsteinhornstraße, ✆ 06542/57179.
• Intersport Scholz, Bahnhofstraße, ✆ 06542/2606, Fax 2613.
• Sport Company »Zweiradcenter«, Brucker Bundesstr. 43, ✆ 06542/57564.
• Bahnhof Saalfelden, ✆ 06582/(7)2344-385.
• Lofer: Zentrasport Weißbacher, Nr. 15, ✆ 06588/(8)596.
• Unken: Fa. Leitinger, Niederland 223, ✆ 06589/220, Fax 220-76.

Übernachtungen unterwegs

• Zell am See: Landgasthof Stadt Wien, Schmittenstraße 41, ✆ 06542/2515 (ab April 97: 762), Fax 2515-51 (762-51).
• Feriendorf Hagleitner (Ferienwohnungen), Karl Flieher Straße 1-3, ✆ 06542/57187-0 od. 57935-0, Fax 56195.
• Maishofen: Siehe Tour 18.
• Maria Alm: Cafe Pension Landhaus Salzburg, Dorf 141, ✆ 06584/2100, Fax 77237.
• Saalfelden: Gasthof Schörhof***, Marzon 10, ✆ 06582/72210, Fax 72210-45.
• Weißbach: Gasthof Seisenbergklamm***, ✆ 06582/8348, Fax 8348-8.
• Lofer: Hotel Salzburger Hof***, Nr. 128, ✆ 06588/(8)333, Fax 7663.
• Unken: Gasthof zur Post***, ✆ 06589/226, Fax 226-26.

Urlaub am Bauernhof:
• Zell am See: Schattbachgut, Fam. Grübl, Thumersbach, Rathgebweg 2, ✆/Fax 06542/4401.

• Maishofen: Siehe Tour 18
• Saalfelden: Hinterburghof, Fam. Krahbichler, Kehlbach 3, ✆ 06582/3134.
• Maierlbauer, Fam. Schösswendtner, Ramseiden 15, ✆ 06582/5267.
Faustlinghof, Fam. Oberschneider, Pabing 68, ✆ • 06582/72545, Fax 76156.
• St. Martin bei Lofer: Müllerbauer, Fam. Schmuck, Nr. 11, ✆ 06588/622.
• Lofer: Glatzlgut, Fam. Hinterseer, Scheffsnoth 3, ✆ 06588/401.
• Unken: Brandnerbauer, Fam. Herbst, Gföll 1, ✆ 06589/385.

Jugendherberge: Zell am See, Seespitzstraße 13, ✆ 06542/57185, Fax 57185-4.

Camping

• Zell am See:
Camping Südufer, Seeuferstraße 196, Thumersbach, ✆ 06542/56228.
• Prielau, Thumersbacher Straße, ✆ 06542/2115, Fax 2115-15.
• Maishofen: siehe Tour 18.
• St. Martin bei Lofer: Park Camping Grubhof, ✆/Fax 06588/237 od. 405.
• Campingplatz Unken, Niederland 17, ✆ 06589/466.

Einkehrmöglichkeiten

Siehe Hotels und Gasthöfe unter Übernachtungen unterwegs.

Highlights

• Saalfelden: Felseneinsiedelei , bewohnte Klause und nebenan Palfenkapelle (1664), ca. 1 Stunde Anstieg.
• Weißbach: Seisenbergklamm, Naturdenkmal, seit 1831 begehbar, Besichtigung Anfang Mai–Ende Oktober täglich 8.30–18.30 Uhr.
• Lamprechtshöhle, tiefste wasserführende Höhle Österreichs, Naturdenkmal, Führungen Ostern–Mitte Oktober 9–18 Uhr.
• Vorderkaserklamm, Naturdenkmal, Besichtigung 10.5.–13.10. täglich 9.30–18 Uhr (Juli/August bis 19 Uhr).

Karten

30 Radtouren im Pinzgauer Saalachtal 1:50.000, Verlag Schubert & Franzke, erhältlich bei allen Fremdenverkehrsverbänden.

16 Auf dem Tauernradweg von Bischofshofen nach Golling

Bischofshofen ist Intercity-Station, der Bahnhof hat auch einen Fahrradverleih. Ausgangspunkt dieser Tour ist daher der Bahnhof, von wo man Richtung Norden losradelt und dann nach der Tabak-Trafik rechts in die Unterführung unter der Bahntrasse einbiegt. So kommt man zum Tennisplatz und fährt weiter an die Salzach, wo eine neue Radlerbrücke ans rechte Ufer führt. Nun beginnt einer neuer Radweg mit Preßkiesbelag, der im Rahmen des Kraftwerkbaues der **Staustufe Kreuzbergmaut** 1996 fertiggestellt wurde. Dieses Kraftwerk wurde nach sehr strengen ökologischen Kriterien geplant und paßt sich so in die Flußlandschaft ein, daß auch engagierte Umweltschützer mit diesem behutsamen Eingriff in die Natur leben können. Auch der sehr hübsch trassierte Radweg gibt davon ein Beispiel. Auf zwei kleinen Holzbrücken überquert man die Fischtreppe und den Fritzbach. Die **Fischtreppe** dient dazu, den in der Salzach lebenden Fischen den Aufstieg über die Staumauer zu ermöglichen.
Der Weg bleibt immer links unterhalb der Bahntrasse und führt an einer Kläranlage vorbei zum **Kraftwerk Kreuzbergmaut**. Wer Lust hat, kann hier ans linke Ufer wechseln, wo ein radfreundlicher Wirt eine Jausenstation betreibt. Die Hauptroute bleibt aber rechts der Salzach und führt mit schönen Blicken auf die Kirche von Pfarrwerfen und die dahinter thronende *Burg Hohenwerfen* an einer weiteren Radlerbrücke über die Salzach vorbei bis zum Bahnübergang am Ortseingang von **Pfarrwerfen.** Hier biegt man rechts ab, fährt am Hotel Burgblick vorbei und biegt dann gleich links in die schmale Asphalt-

Ausgangsort
Bischofshofen.

Zielpunkt
Golling.

Anreise/Abreise
PKW: Von Salzburg über die Tauernautobahn A 10 Richtung Süden, Abfahrt Bischofshofen bzw. Golling.
Bahn: Die Bahnhöfe Bischofshofen und Golling-Abtenau liegen an der Westbahn.

Tourenlänge
27 km.

Steigung
Paß Lueg, 1 km bergauf (8 % Steigung).

Eignung für Kinder
Für Kinder ab 10 Jahren geeignet.

Günstigste Jahreszeit
Mai bis Oktober.

Wegcharakter
Ab Werfen auf der alten Salzachtalbundesstraße B 159 (Radspur teilweise durch Bodenmarkierung ausgewiesen), von Bischofshofen bis Werfen neuer Radweg.

Wegmarkierung
»Tauernradweg« in weißer Schrift auf grünen Tafeln.

Empfohlener Radtyp
Mit allen Fahrradtypen befahrbar.

Besonderheiten
Burg Hohenwerfen mit Greifvogelvorführungen; Eisriesenwelt; Salzachöfen unterhalb des Paß Lueg.

Kombination
Mit Touren 12, 13, 14 und 17 am Tauernradweg.

straße Richtung *Odarsiedlung* und Bahnhof Werfen ab. Die Route verläuft jetzt direkt neben der Bahn und führt kurz bergauf zu einer Brücke über den Bahndamm. Wieder am Salzachufer zurück, kommt man zum modernen, kleinen Bahnhof von Werfen, wo man links über die Salzachbrücke radelt, um gleich wieder rechts abzubiegen. Ein schmaler Fußweg führt zum Parkplatz, von dem die Busse zur *Eisriesenwelt* fahren. Links geht es durch die Unterführung unter der Bundesstraße ins Ortszentrum von Werfen, ein kurzer Anstieg bringt uns auf den Marktplatz.

Der kleine Ort **Werfen** ist Ausgangspunkt für die beiden Besichtigungsmöglichkeiten, die diese Tour so interessant machen. Da beide Ausflüge mehrstündig sind, sollte man gegebenenfalls eine Wahl treffen: Eisriesenwelt oder Burg Hohenwerfen.

Die Auffahrt in die **Eisriesenwelt** hoch oben in der Westflanke des Tennengebirges beginnt am Marktplatz, wo Kleinbusse in kurzen Intervallen Besucher bis fast zur Talstation der Seilbahn bringen. Ein kurzer Fußmarsch von etwa 15 Minuten führt zur steilsten Seilbahn Europas, die mit zwei silbernen Gondeln hart an der Felswand hinauf zum Dr.-Ödl-Haus führt. Von dort führt ein etwa zehnminütiger Fußmarsch auf einem gut gesicherten Steig im Fels zum Eingang des Höhlensystems. Mehr als 40 Kilometer Höhlen wurden in diesem Teil des Tennengebirges bereits erforscht, die Eisbildung beschränkt sich auf lediglich zwei Kilometer im untersten und damit kältesten Bereich. Eine geführte Wanderung führt in knapp einer Stunde an den prächtigsten Eisformationen vorbei. Gutes Schuhwerk für Hunderte von Stufen auf feuchtkaltem Boden und warme Kleidung (Temperatur in den Höhlen knapp über null Grad) sind Voraussetzung für eine angenehme Höhlenwanderung. Die beste Jahreszeit sind die Monate Mai und Juni, da sich über den Winter stets neue Eisformationen bilden, die im Hochsommer teilweise

Die Eisriesenwelt im Tennengebirge ist die größte Eishöhle der Welt. Im tiefsten Teil der Höhle gefriert das eindringende Wasser zu mystischen Formen.

wieder abschmelzen. Es gibt ein Kombinationsticket für Pendelbus, Seilbahn und Höhlenführung. Das gesamte Programm ab und bis Werfen dauert gut drei Stunden.

Alternative zur Eisriesenwelt ist ein Besuch der **Burg Hohenwerfen**, die auf einem mächtigen Fels mitten im Salzachtal thront. Dazu radeln wir rechts beim Gasthof zur Stiege zur Unterführung und kommen so links kreuzungsfrei auf die Bundesstraße Richtung Salzburg. Nach einer kurzen Steigung liegt rechts ein großer Parkplatz, wo es auch Fahrradständer gibt. Von hier führt ein steiler Fußweg auf die Burg (Gehzeit etwa 20 Minuten). Die weitläufige Festungsanlage aus dem 11. Jahrhundert ist neben der Feste Hohensalzburg das eindrucksvollste Bauwerk dieser Art im Salzburger Land. Die Inneneinrichtung der Burg ist zwar beim Brand in den dreißiger Jahren ein Raub der Flammen geworden, die Gebäude wurden aber stilecht wiederaufgebaut und können im Rahmen einer Führung besichtigt werden. Dabei sieht man neben der Burgkapelle mit romanischen Fresken auch jenen Kerker, der so manchem Gefangenen auf Hohenwerfen qualvoll in Erinnerung geblieben sein mag. Heute ist Hohenwerfen auch Sitz des Salzburger Landesfalkenhofes, der in der Saison täglich **Greifvogelvorführungen** veranstaltet. Neben der hohen Schule der Falknerei vermitteln diese auch einen Einblick in die Flugkünste und Lebensweise von Adlern, Geiern und sogar einer mächtigen Eule.
Der Ort **Werfen** ist nicht zuletzt wegen seiner ausgezeichneten Gastronomie bekannt: Hier wirken seit Jahren die Brüder Obauer im **Gasthof Lebzelter**, die zu den höchstdekorierten Haubenköchen Österreichs zählen und es angesichts der vielen Tauernradwegfahrer durchaus gewohnt sind, daß man sich bei ihnen kulinarischen Genüssen im Radlerdreß hingibt. Ab dem Parkplatz Hohenwerfen folgt die Radroute jetzt der alten *Salzachtal-Bundesstraße*, die seit dem Bau der parallel verlaufenden Tauernauto-

bahn vom Durchgangsverkehr befreit ist. Dennoch sollte man vorsichtig am rechten Rand radeln. Eine kurze Abfahrt führt nach Tenneck, dann geht es flach bis leicht ansteigend weiter Richtung *Paß Lueg*. Tennen- und Hagengebirge treten nun enger zusammen, die Salzach tobt unten im Tal in den sogenannten *Salzachöfen* durch den engen Durchbruch. Die Straße über den Paß Lueg steigt für 800 Meter mäßig steil an, auf der Kuppe kann man die kurze Tunneldurchfahrt wählen, oder man schiebt das Rad ein paar Meter weiter nach oben auf die Paßhöhe, wo ein gemütliches Ausflugsrestaurant mit Gastgarten liegt. Von hier kann man auch zu Fuß zu den Salzachöfen absteigen. Mit dem Wort »Öfen« werden im Salzburgischen Flußdurchbrüche in Klammen und Schluchten bezeichnet.

Der Paß Lueg ist die Grenze zwischen Pongau und Tennengau. Für 1,3 Kilometer folgt man nun der breit ausgebauten B 159 talwärts, dann biegt man links auf eine Nebenstraße Richtung *Golling-Obergäu* ab, fährt unter der Eisenbahn durch und erreicht schließlich **Golling**. Auch hier gibt es eine Bahnstation mit Radverleih, außerdem einige vorzügliche Gasthöfe im Ortszentrum. Lohnend von hier aus sind Ausflüge zum *Gollinger Wasserfall* und ins *Bluntautal* (siehe Route 9).

Information

• Fremdenverkehrsverband A-5500 Bischofshofen, ✆ 06462/2471, Fax 3605.
• Fremdenverkehrsverband A-5452 Pfarrwerfen, ✆ 06468/390, Fax 7400.
• Fremdenverkehrsverband A-5450 Werfen, ✆ 06468/388, Fax 7562.
• Fremdenverkehrsverband A-5440 Golling, ✆ 06244/4356, Fax 7766.

Fahrradverleih und Radreparatur

• Bischofshofen, Golling: siehe Tour 14 und 9.
• Pfarrwerfen: Simon Illmer, Laubichl 4, ✆ 06468/386.
• Stroh: Tankstelle Buchsteiner, Nr. 62, ✆ 06468/416.
• Werfen: Sport Weiss, ✆ 06468/293.

Übernachtungen unterwegs

• Bischofshofen, Golling: siehe Tour 14 u. 9.
• Pfarrwerfen: Gasthof Quehenberger***, Nr. 26, ✆ 06468/372, Fax 372-4.
• Gasthof Reitsamerhof***, Imlau, ✆ 06468/ 379, Fax 25415.
• Werfen: Hotel Restaurant Obauer****, Markt 46, ✆ 06468/212, F ax 212-12.
• Gasthof Neuwirt**, Markt 2, ✆ 06468/202, Fax 7834.

Urlaub am Bauernhof:
• Bischofshofen, Golling: siehe Tour 14 und 9.
• Pfarrwerfen: Gasteglhof, Fam. Ahornegger,

Nr. 37, ✆ 06468/7420.
• Werfen: Rettenbachgut, Fam. Lienbacher, Imlau 13, ✆/Fax 06468/7170.

Camping
• Werfen: Camping Vierthaler, Reitsam 8, ✆ 06468/657.
• Golling: siehe Tour 9.

Highlights
• Werfen: Eisriesenwelt, größte Eishöhle der Welt, bisher forschtes Gesamtnetz 47 km, Naturdenkmal, Führungen 1.5.–ca. 8.10. täglich 9.30–15.30 Uhr (Juli/August bis 16.30 Uhr), Besichtigungsdauer 70 Min., ✆ 06468/291 od. 0663/064546. Anfahrt: 6 km lange Bergstraße von Werfen (eigener Linienbus, ✆ 06468/293), im Anschluß daran 15 Min. Fußweg zur Talstation der Seilbahn Eisriesenwelt, täglich 9–17 Uhr (Juli/August bis 18 Uhr), ✆ 06468/7976.
• Burg Hohenwerfen, 1077, u.a. Glockenturm mit Renaissanceglocke und kleine Burgkapelle mit romanischen Säulen, historische Burgfalknerei, Falknereimuseum, Greifvogellehrweg, Waffenschau, Sonderausstellungen, Führungen Mai–Oktober täglich 9–17 Uhr (Juli/August bis 18 Uhr), April u. November täglich außer Montag 9.30–16 Uhr, ✆ 06468/7603.
• Golling: Salzachöfen am Paß Lueg, bis zu 100 m tiefe Klamm, teilweise unterirdischer Durchbruch der Salzach, Naturdenkmal, geöffnet Mai–Oktober täglich.

Karten
Freytag & Berndt Wander- und Radkarte 1:50.000, Nr 103 und 392.

17 An beiden Ufern der Salzach durch den Tennengau

Ausgangsort
Golling.

Zielpunkt
Wie Ausgangspunkt.

Anreise/Abreise
Siehe Tour 9.

Tourenlänge
30 km.

Steigung
Keine nennenswerte.

Eignung für Kinder
Für Kinder ab 8 Jahren geeignet.

Günstigste Jahreszeit
April bis Oktober.

Wegcharakter
Großteils sehr verkehrsarme, asphaltierte Nebenstraßen; kurze Abschnitte auf Radwegen.

Wegmarkierung
»Tauernradweg« in weißer Schrift auf grünen Tafeln von Golling bis Hallein, »Tennengau- Radweg« in weißer Schrift auf roten Tafeln auf der Rückreiseroute am rechten Salzachufer (Beschilderung teilweise lückenhaft).

Empfohlener Radtyp
Mit allen Fahrradtypen befahrbar.

Besonderheiten
Gollinger Wasserfall; Keltenstadt Hallein mit Salzbergwerk.

Kombination
Mit Route 16.

Ausgangspunkt dieser Route ist wahlweise Golling oder Hallein. Beide Orte haben einen Bahnhof an der Westbahnstrecke. Im folgenden ist die Route von **Golling** aus im Uhrzeigersinn beschrieben.
Vom Bahnhof Golling fährt man ein Stück in südlicher Richtung, bis man rechts Richtung *Wasserfall* erst die Bahn und dann die Salzach überquert. Hier trifft man auch auf die Tauernradweg-Beschilderung. Die Nebenstraße führt Richtung *Gollinger Wasserfall* (siehe Route 9) und Gasthof Hubertus. Nach der Autobahnunterführung biegt man rechts ab und fährt auf die Filialkirche des Ortsteils **Torren** zu. Beim Torrener Hof kann man links einbiegen und noch etwa 300 Meter weit radeln, wenn man den Wasserfall besichtigen will (dann noch 5 Minuten zu Fuß). Die Route führt aber halbrechts weiter und kurvt leicht hügelig durch Wiesen und Felder am linken Salzachufer. Nach einer weiteren Autobahnunterführung kehrt man ans Ufer zurück und erreicht den Ort **Kuchl,** dessen Zentrum am gegenüberliegenden Ufer liegt.
Der Tauernradweg führt weiter am linken Ufer in den Ortsteil *Weng,* wo es auf einer Brücke über die Autobahn geht. Nun folgt ein etwas hügeliges, aber landschaftlich sehr schönes Stück durch ein Wäldchen bis an den Stadtrand von **Hallein**. Am linken Salzachufer fährt man bis zur Stadtbrücke, links liegt die Altstadt und auch die Talstation der Seilbahn auf den Dürrnberg zum Schaubergwerk (siehe Route 8).
Die Route biegt an der Stadtbrücke rechts ab, für kurze Zeit muß man auf die stark befahrene Durchzugstraße B 159, die Salzach und Pernerinsel überquert (hier biegt der Tauernradweg Richtung Salzburg links ab) und dann nach einer Rechtskurve zu einer großen Kreuzung mit Ampelregelung führt. Wir halten uns links Richtung Autobahn, überqueren die Eisenbahn und biegen dann links ab, um gleich rechts in die Wiestal-Landesstraße Richtung *Ebenau* einzubiegen. Nach kurzer Zeit biegt rechts die Bürgermeisterstraße Richtung Krankenhaus ab, der unsere Route folgt und die links auf einer Brücke die Autobahn überquert.
Hier beginnt die Beschilderung »Tennengauer Radwanderweg« auf roten Tafeln, die allerdings mitunter Lücken aufweist. So kommt man nach **St. Margarethen**, wo man rechts abbiegt und gleich links in die stärker befahrene Straße nach *Vigaun* einbiegt. Der kleine Ort hat in den letzten Jahren nach der Entdeckung eines Ther-

Radfahrer haben Vorfahrt auf dem Tauernradweg, außer wenn sich gerade ein paar Enten hierher verirren.

malwasservorkommens einen großen Aufschwung genommen. Das **Thermalhallen-** und **-freibad** ist auch für vorbeikommende Radfahrer geöffnet, daran angeschlossen ist ein großes Sanatorium mit Kuranstalt.
Die Radroute bleibt auf der Landstraße Richtung *»Römerbrücke«* und *St. Kolomann*. Bald biegt links eine kleine Straße zur Römerbrücke ab, die zu einer schmalen Steinbrücke über die Taugl führt.
Hier sollte man kurz halten und den **Taugldurchbruch** mit seinen schroffen Felsformationen und kleinen Wasserfällen links und rechts von der Brücke bestaunen. Die sogenannte Römerbrücke war eigentlich eine Furt an der alten Römerstraße von Salzburg (Juvavum) zum Radstädter Tauern und lag etwas flußabwärts von der heutigen Brücke, wo sich das Tal weitet und die Taugl ein friedlicher, seichter Bach wird.

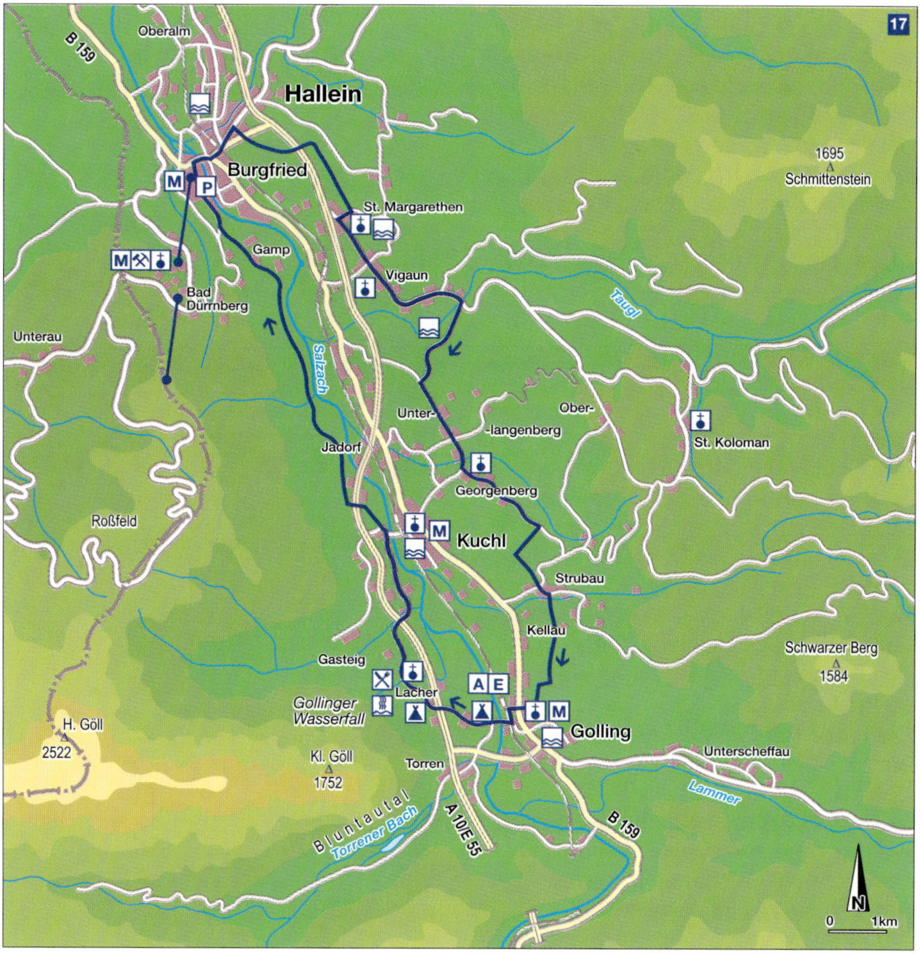

Die schmale Asphaltstraße führt jetzt recht malerisch durch den Wald am linken Ufer der Taugl. Bei der Weggabelung bleibt man links und nimmt dann den mittleren Weg Richtung *Kuchl*. Bei der Nachrangstraße hält man sich wieder links und radelt jetzt flach und geradeaus auf einen bewaldeten Hügel zu, aus dem der Turm der **St.-Georgs-Kirche** ragt. Hier wurden bedeutende Funde aus der Frühgeschichte und der Römerzeit gemacht, was auf sehr frühe Besiedlung des markanten Felsen hinweist, der trutzig im Tal steht.
Man radelt jetzt auf der sogenannten *Römerstraße*, die der Trasse der alten römischen Reichsstraße folgt. So kommt man durch den Ortsteil *Georgenberg,* rechts liegt *Kuchl*. Die Römerstraße mündet dann in die Bundesstraße 159, in die man vorsichtig links einbiegt. Ein Radweg begleitet die B 159 an der rechten Seite. Bald sieht man die Gollinger Kirche und radelt leicht bergab auf den Ort zu. Der

Mit blaugrünen Fahnen laden mehr als 400 Hotels und Pensionen im Salzburger Land Fahrradtouristen ein. Absperrbare Radgarage und Übernachtungsmöglichkeiten auch für nur eine Nacht sind hier selbstverständlich.

Radweg endet kurz vor Ortsbeginn, auf der B 159 kommt man an einem China-Restaurant vorbei auf den schönen Marktplatz von **Golling** mit einem halben Dutzend gemütlicher Gasthöfe.

Information
• Fremdenverkehrsverband A-5440 Golling, ✆ 06244/4356, Fax 7766.
• Fremdenverkehrsverband A-5400 Hallein, ✆ 06245/85394, Fax 85185-13.
• Fremdenverkehrsverband A-5400 Vigaun, ✆ 06245/841 16, Fax 82876.
• Fremdenverkehrsverband A-5431 Kuchl, ✆ 06244/6227, Fax 6227-75.

Fahrradverleih
• Golling, Hallein: siehe Tour 8 und 9.
• Vigaun: Fremdenverkehrsverband, ✆ 06245/841 16, Fax 82876.
• Kuchl: Reisebüro Popp, Markt 84, ✆ 06244/6229.
• Sport Michelag, Markt 171, ✆ 06244/7383.

Fahrradreparatur
• Golling, Hallein: siehe Tour 8 und 9.
• Kuchl: Horst Panzenberger, Markt 233, ✆ 06244/6207.

Übernachtungen unterwegs
• Golling, Hallein siehe Tour 8 und 9.
• Vigaun: Hotel Langwies****, Nr. 22, ✆ 06245/8956, Fax 8956-13.
• Pension Kellerbauer, St. Margarethen 41, ✆ 0625/83474, Fax 83474-15.
• Kuchl: Gasthof Römischer Keller,***, Markt 2, ✆/Fax 06244/6212.

Urlaub am Bauernhof:
• Golling, Hallein siehe Tour 8 und 9.
• Vigaun: Maurerhof, Fam. Rosenauer, Nr. 7, ✆ 06245/83402.
• Kuchl: Moosbauer, Fam. Eßl Unterlangenberg 2, ✆ 06244/6255.
• Sillfeichtengut, Fam. Irnberger, Georgenberg 34, ✆ 06244/6556.

Weitere Informationen: siehe Tour 8 und 9.

Karten
Radkarte Tennengau 1:50.000, erhältlich bei allen Fremdenverkehrsverbänden.

18 Rund um das familienfreundliche Fahrraddorf Maishofen

Ausgangsort
Maishofen.

Zielpunkt
Wie Ausgangspunkt.

Anreise/Abreise
PKW: Über die B 311 von der Tauernautobahn A 10 nach Zell am See und Maishofen bzw. über die B 312 von Salzburg oder der Autobahnabfahrt Siegsdorf nach Lofer über die B 311 nach Saalfelden und Maishofen. *Bahn*: Der Bahnhof Maishofen liegt an der Westbahn, in Zell am See oder Saalfelden umsteigen.

Tourenlänge
18 km.

Steigung
Keine.

Eignung für Kinder
Für Kinder ab 6 Jahren geeignet.

Günstigste Jahreszeit
Juni bis September.

Wegcharakter
Asphaltierte, verkehrsarme Nebenstraßen und autofreie, gekieste Güter- und Feldwege.

Wegmarkierung
Kinderfreundliche Wegweiser mit »Igel« (1. Abschnitt) und »Fisch« (2. Abschnitt) als Symbolfiguren.

Empfohlener Radtyp
Trekkingbike oder Tourenrad.

Besonderheiten
Badestrand am Zeller See.

Kombination
Als Ausflug zu Route, 13 oder 15, wenn man mehrtägig unterwegs ist.

Die kleine Gemeinde **Maishofen** liegt im Pinzgauer Saalachtal zwischen Zell am See und Saalfelden an einer für familienfreundliche Radtouren sehr geeigneten Stelle, wo das Tal weit und flach ist. Seit 1996 bemühen sich die Tourismusverantwortlichen in Maishofen speziell um radfahrende Familien. Dafür wurde ein eigenes, kinderfreundliches Wegemarkierungssystem geschaffen, mit dem vier einfache Touren rund um den Ort beschildert sind. Fast alle gastronomischen Betriebe haben sich auf Radfahrer besonders eingestellt, selbst Urlaub auf dem Bauernhof kann man hier bei »radfreundlichen« Bauern verbringen. Ein auch für Kinder gut ausgestatteter Fahrradverleih befindet sich gleich neben der Tourist Information.

Jede Tour hat ein Symboltier, zwischen Kirche und Tourist Information gibt es eine große Übersichtskarte, in der alle Touren eingezeichnet sind: die Schnecken-Tour (auf orangeroten Tafeln), die Fisch-Tour (blau), die Igel-Tour (rosa) und die Eichkätzchen-Tour (gelb). Gefällig gestaltete Wegweiser mit genauen Entfernungsangaben, Hinweisen auf Sehenswürdigkeiten und dem jeweiligen Symboltier machen es leicht, die Routen abzuradeln. An vielen Kreuzungen stehen zusätzlich Schaukästen mit der Radwanderkarte der Region, die es auch kostenlos beim Fremdenverkehrsverband gibt.

Die folgende Routenempfehlung ist eine Kombination aus der Igel- und der Fisch-Tour. Man startet bei der Radwegekarte neben der Kirche, folgt den rosa *Igel-Wegweisern* und fährt links am Gemeindeamt vorbei auf eine kleine Straße mit mehreren »schlafenden Polizisten«, die dafür sorgen, daß der geringe Autoverkehr sich an das 30-km/h-Limit hält. Vor uns liegen die schroffen Felsgipfel des *Steinernen Meeres*.

Über eine Brücke überquert man die hier noch junge Saalach, die im Glemmtal entspringt und in Maishofen nach Norden abbiegt. Die Straße führt in den Ortsteil Kirchham, wo man für 200 Meter auf einem schmalen Radweg direkt an der stark befahrenen Bundesstraße 311 entlangfährt. Am fahrradfreundlichen Bauernhof Hamerlgut vorbei biegt man dann rechts in den Ortsteil *Mitterhofen* ab. Die schmale Asphaltstraße führt unter der Bahntrasse durch und geht dann nach einem Viehgatter in einen autofreien Kiesweg über. Voraus sieht man den Turm der kleinen Kirche von *Gerling*, der Weg führt an eine Saalachbrücke, wo man rechts auf einen Feldweg direkt am Fluß einbiegt. Geradeaus am anderen Ufer liegt das Landhaus Oberhaus. Wer einen kleinen Umweg nicht scheut, kann hier links etwas bergauf zur aus dem 12. Jahrhundert stammenden Filialkirche von Gerling und dem benachbarten Mesnerhaus radeln.
Die Igel-Tour bleibt am linken Saalachufer bis zu einer Brücke, wo man links abbiegt und auf eine schmale Asphaltstraße kommt. Kurz darauf geht es links hinauf zum weithin sichtbaren **Gut Kammer**, einem festungsartig errichteten alten Bauernhof mit eigener Hauskapelle und einer über 400jährigen Tradition. Hier kann man auch ausgezeichnet essen oder jausen, die Familie ist mit Recht stolz darauf, viele schmackhafte Pinzgauer Spezialitäten mit Nahrungsmitteln aus eigener Produktion zuzubereiten. Kinder sollten im Vorhaus einen Blick auf die Schwalbennester werfen, die im Haus zu haben nach alter Überlieferung Glück bringen soll.
Weiter geht es am Stall von Gut Kammer vorbei bergab und dann gleich links auf einen schmalen Schotterweg, der am Fuß der **Schwalbenwand** (2011 m) verläuft. Zweimal muß man ein Viehgatter öffnen, um über eine Weide in den Ortsteil **Mayrhofen** zu gelangen. Dann kommt man zu einer Abzweigung, wo der Igel-Weg rechts nach Maishofen zurückführt. Ab hier folgt man den blauen Wegweiser der *Fisch-Tour*, die geradeaus weiter am Talrand Richtung *Zeller See* verläuft. Die schmale Asphaltstraße führt an einem radfreundlichen Gasthof vorbei und schließlich in ein Wohngebiet, das bereits zur Stadt **Zell am See** gehört. Beim Kran-

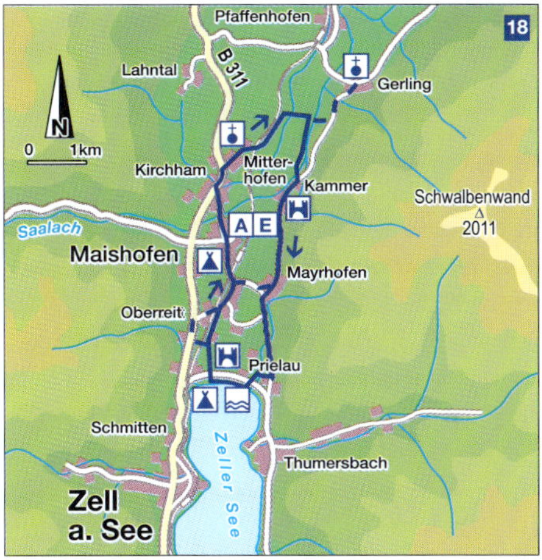

Ein ganzes Dorf hat sich auf radfahrende Familien als Gäste spezialisiert: Maishofen im Pinzgauer Saalachtal.

kenhaus hält man sich links gegen die Einbahn (Radfahren erlaubt) und kommt so an die Thumersbacher Landesstraße, wo gleich gegenüber der öffentliche Badeplatz der Gemeinde Maishofen am Zeller See liegt. Wenn man rechts abbiegt, kommt man am Campingplatz vorbei zum **Strandbad** am Nordende des Sees. Hier finden im Sommer seit 1996 auf einer eigen errichteten Seebühne regelmäßig Musical-Vorführungen statt (Programminformation bei der Kurverwaltung). Kurz nach dem Strandbad biegt die Route rechts Richtung *Schloß Prielau* ab und führt am Tauernradweg zurück nach Maishofen (siehe Route 15).

Information
• Fremdenverkehrsverband A-5751 Maishofen, © 06542/68318, Fax 68318-8.

Fahrradverleih
• Simon Hutter, Unterreit 15, © 06542/68939.

Übernachtungen unterwegs
• Hotel Pichler, Kirchham 74, © 06542/68250.

Urlaub am Bauernhof:
• Maishofen: Sommerergut, Fam. Salzmann, Point 43, © 06542/68337.
• Hamerlgut, Fam. Streitberger, Bergern 191, © 06542/86394.

Camping
• Kammerlander, Tel 06542/8755.
• »9 Brunnen am Waldsee«, © 06542/68548.
• Zell am See – Prielau, Thumersbacher Straße, © 06542/2115, Fax 2115-15.

Einkehrmöglichkeiten
Siehe Hotel unter Übernachtungen unterwegs.

Karten
Maishofen Radl(s)pass 1:35.000, erhältlich beim Fremdenverkehrsverband.

19 Von Maria Alm zur Sommerrodelbahn nach Saalfelden

Ausgangsort
Maria Alm.

Zielpunkt
Saalfelden.

Tourenlänge
15 km.

Steigung
Keine nennenswerte.

Eignung für Kinder
Für Kinder ab 7 Jahren geeignet.

Günstigste Jahreszeit
Mai bis September.

Wegcharakter
Meist auf asphaltierten Nebenstraßen und Güterwegen mit geringfügigem Anrainerverkehr.

Wegmarkierung
Von Maria Alm bis zur Abzweigung nach Bsuch »Tauernradweg« in weißer Schrift auf grünen Tafeln, danach keine durchgehende Markierung.

Empfohlener Radtyp
Mit allen Fahrradtypen befahrbar.

Besonderheiten
Längste Sommerrodelbahn Europas.

Kombination
Mit Tour 15, wenn man diese längere Tour in Maria Alm unterbrechen möchte und einen Ausflugstag einlegt.

Ausgangspunkt dieser sehr kinderfreundlichen Tour ist die malerische Pinzgauer Gemeinde Maria Alm. Dorthin kommt man entweder am Tauernradweg (Saalachtal- Variante, siehe Tour 15) oder

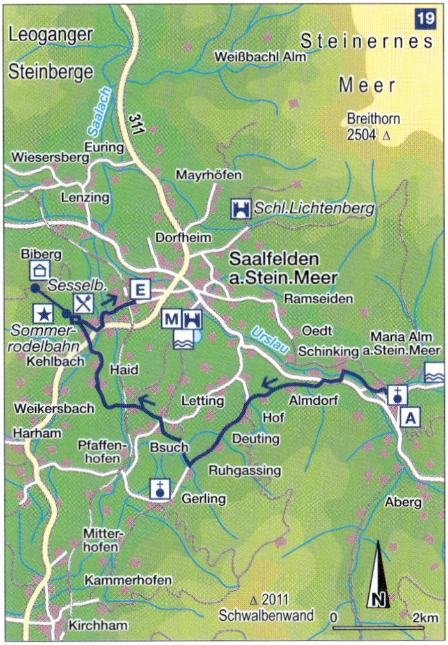

mit dem Postautobus vom Bahnhof Saalfelden, wo die Tour auch wieder endet. Besonders empfehlenswert ist diese Tour für Familien, die in der Region Pinzgauer Saalachtal ihren Urlaub verbringen und dabei den einen oder anderen Tag mit dem Rad unterwegs sein wollen.

Vom hübschen Marktplatz von **Maria Alm** radelt man Richtung Ortsausfahrt/Bundesstraße 164, wenn es gelingt, die Kinder von den hier einladenenden Eisgeschäften und Konditoreien wegzulotsen. Kurz vor der Einfahrt in die Bundesstraße folgt man der Tauernradweg-Wegweisung und biegt rechts auf einen Weg ab, der entlang des Urslaubaches verläuft. Nach einer Engstelle kommt man in den Ortsteil Schinking und biegt hier für ein kurzes Stück von 200 Metern auf die stark befahrene Bundesstraße ein. Dann nimmt man vorsichtig die erste Abzweigung nach links und radelt erst auf Asphalt, dann auf Schotter einen kurzen Anstieg hinauf zu einer kleinen Kapelle. Diese gehört zu vier malerischen Bauernhäusern, die hier im Ortsteil **Almdorf** auf engstem Raum beisammen stehen. Zwischen den Bauernhöfen biegt man rechts ab und fährt auf einem Güterweg bis zur Einmündung links in eine Nebenstraße in den Ortsteil Hof. Etwas hügelig geht es jetzt Richtung Kirche von Gerling durch den Flecken **Ruhgassing** bis zum Pferdegestüt Stechau. Hier biegt man rechts auf eine Kiesstraße Richtung *Letting* ein. Man fährt jetzt direkt auf *Saalfelden* zu, im Hintergrund liegen links die *Loferer Steinberge* und rechts voraus das *Steinerne Meer* mit seinen felsigen Kalkgipfeln. Ab hier gibt es keine durchgehende Wegmarkierung zur Sommerrodelbahn.

Wo die Asphaltstraße beginnt, fährt man geradeaus und biegt dann bei einigen

Kinder fahren in Maria Alm mit dem Kinderexpreß, der zwischen dem Ortszentrum und dem Kindercamp beim Erlebnisbad verkehrt.

Die längste Sommerrodelbahn Europas steht am Saalfeldener Biberg. Es geht ganz leicht – wer den Steuerknüppel losläßt, bleibt automatisch stehen.

neuen Einfamilienhäusern links ab (Fahrverbot, Anrainer frei). So kommt man in den Ortsteil **Letting-Bsuch**. Bei einem hübschen Bauernhaus biegt man links ab und erreicht den Kramerlwirt. Hier fährt man geradeaus Richtung *Haid*. Die schmale Asphaltstraße führt durch ein Wohngebiet dann kurz steil bergab auf die Bahnunterführung zu und über die neuerbaute Saalachbrücke ans linke Flußufer.
So kommt man auf eine kleine Kuppe, wo der Ortsteil Haid liegt. Dann geht es in einer langgezogenen Kurve bergab direkt auf die *Sommerrodelbahn* zu, deren schlangenartige Trasse man jetzt bereits deutlich am Osthang des *Biberg* erkennt. Die Straße mündet in die sehr stark befahrene B 311, links neben der Einmündung ist eine schmale Unterführung für Fußgänger und Radfahrer. Auf der anderen Seite beginnt ein kurzer, steiler Anstieg zum Gasthof Oberbiberg und weiter zum Parkplatz bei der **Doppelsesselbahn Huggenberg**.
Mit diesem Lift gelangt man zur Bergstation der längsten **Sommerrodelbahn** Europas. Die Abfahrt ist für Kinder und Erwachsene ein Vergnügen. Kleinere Kinder (etwa bis acht Jahre) können gemeinsam mit einem Erwachsenen fahren, wenn sie sich die Abfahrt alleine noch nicht zutrauen. Die »Rodel« ist eine Sitzschale auf Rollen, die in einer mit Eternit verkleideten Rinne talwärts rollt. Mit einem Hebel reguliert man lediglich die Wirkung der Bremsen, wobei eine Sicherheitsautomatik eingebaut ist: Läßt man den Hebel absichtlich oder versehentlich los, so tritt die volle Bremswirkung ein und die Rodel kommt zum Stehen. Sommerrodeln sieht jedenfalls gefährlicher aus, als es ist. Dennoch sollten Kinder über die nötige Verläßlichkeit und ausreichendes Konzentrationsvermögen verfügen, wenn man sie alleine abfahren läßt.
Zum Abschluß fährt man wieder mit dem Fahrrad vom Parkplatz zurück zum Gasthof Oberbiberg, wo man links den hölzernen Wegweisern nach Saalfelden folgt und auf eine kurze steile Nebenstraße abbiegt. So erreicht man das große *Motorradzentrum* an der B 311, hält links auf die Ortseinfahrt Saalfelden-Süd zu und biegt dann Richtung Bahnhof auf eine Nebenstraße ein. Durch das Industrie- und Gewerbegebiet des Ortes kommt man zu einem beschrankten Bahnübergang und biegt gleich danach links zum Bahnhof ab.

Information
• Fremdenverkehrsverband A-5761 Maria Alm, ✆ 06584/7816, Fax 7600.
• Fremdenverkehrsverband A-5760 Saalfelden, ✆ 06582/72513, Fax 75398.

Highlights
• Sommerrodelbahn am Biberg, mit 1632 Meter eine der längsten Europas, u.a. 63 Kurven und 3 Tunnels, Auffahrt mit der Doppelsesselbahn Huggenberg, ✆ 06582/72173.

Weitere Informationen
Siehe Tour 15.

20 Vom Silberbergwerk in Leogang nach Saalfelden

Ausgangsort
Berg Grießen (od. Hütten).

Zielpunkt
Saalfelden.

Anreise/Abreise
PKW: Von Salzburg oder der Autobahnabfahrt Siegsdorf kommend über die B 312 und 311 nach Saalfelden, von hier auf der B164 bis Berg Grießen.
Bahn: Saalfelden liegt an der Westbahn (Intercity-Bahnhof), Regionalzug bis Hütten.

Tourenlänge
22 km (davon 7 km zum Bergwerk)

Steigung
Von Hütten zum Bergwerk 3,5 km teilweise steil bergauf, übrige Strecke ständig leicht bergab.

Eignung für Kinder
Für Kinder ab 10 Jahren geeignet.

Günstigste Jahreszeit
Mai bis Oktober.

Wegcharakter
Asphaltierter Radweg von Hütten bis Leogang, dann Nebenstraßen.

Wegmarkierung
Keine durchgehende Radwegmarkierung, alte Holztafeln »Pinzgauer Radweg«.

Empfohlener Radtyp
Trekking- oder Mountainbike für die Zufahrt zum Bergwerk. Übrige Srecke mit allen Fahrradtypen befahrbar.

Besonderheiten
Schaubergwerk im Schwarzleotal, Erlebnisbad in Leogang.

Kombination
Mit Tour 15.

Der neuerbaute Radweg, der vom Ortsteil *Berg-Grießen* über *Hütten* nach *Leogang* führt, gehört zu den schönsten und gleichzeitig gemütlichsten Radrouten des Salzburger Landes, geht es doch ständig leicht bergab am Grießner Bach entlang. Zum Start gelangt man entweder mit der Bahn ab Saalfelden bis Haltestelle Hütten oder mit dem Auto bzw. ÖBB-Bus ab Haltestelle Berg-Grießen (hier hält die Bahn leider nicht, gerade die ersten Kilometer des Radweges sind aber eine besonders schöne Abfahrt).
So kommt man entweder am Radweg von weiter oben oder von der Bahnhaltestelle (Achtung: kurze, steile Abfahrt auf Schotterstraße zur B 164!) nach **Hütten**. Hier lockt ein Ausflug ins wildromantische **Schwarzleotal** und zum **Schaubergwerk,** wo sich die letzten Zeugen eines in vergangenen Jahrhunderten ausgedehnten Bergbaues auf Silber, Quecksilber, Blei, Kupfer, Kobalt und Magnesit befinden. Heute kann man sich in der Ruhe des abgeschiedenen Schwarzleotales gar nicht mehr vorstellen, daß hier einst Hunderte von Knappen arbeiteten, Hammerwerke klopften und Fuhrwerke das Erz aus den Abbaugebieten kutschierten. Zwei der alten Stollen werden heute als Schaubergwerk zur Besichtigung angeboten (Montag Ruhetag).
Die Zufahrtsstraße zum Bergwerk ist für alle Fahrzeuge geöffnet, doch ersucht die Gemeinde, das Auto am Taleingang stehenzulassen. Für Radfahrer stellt sich hier die Frage: 3,5 Kilometer hochstrampeln oder das Rad ebenfalls stehenlassen und den Ausflug ins Schwarzleotal zu Fuß absolvieren (Gehzeit 1 Stunde pro Richtung). Sportliche, die mit dem Rad den Anstieg bewältigen, werden mit einer schönen Abfahrt belohnt.
Die Straße quert den Grießner Bach und führt dann durch eine kleine Siedlung ins

20 Vom Silberbergwerk in Leogang nach Saalfelden

Brücken, eigens für Radfahrer angelegt, sind oft recht schmal.

Schwarzleotal. Nach dem letzten Haus endet der Asphalt, eine teils etwas holprige Kiesstraße windet sich durch das enge Tal und weist einige steilere Abschnitte auf. Dazwischen kann man sich aber immer wieder auf flacheren Strecken erholen. Nach 2 Kilometern erreicht man das Pucherhäusl und danach gleich rechts an der Straße eine imposante Quelle, wo kräftige Wasserströme direkt aus dem Fels zu kommen scheinen.

Am Parkplatz des Schaubergwerks radelt man noch vorbei und kommt kurz danach zur Jausenstation **Knappenstube**. Etwas oberhalb davon ist der Eingang zum **Schaubergwerk**. Hier kann man die Geschichte des Bergbaues lebendig erleben und eine Vorstellung davon gewinnen, wie mühsam es in früheren Jahrhunderten war, dem Berg mit bloßen Händen und einfachstem Werkzeug seine Schätze zu entreißen. Wie in vielen anderen Landesteilen hatten sich die regierenden Fürsterzbischöfe Salzburgs die Rechte an den Erzvorkommen gesichert, die sie an örtliche Gewerke verpachteten. Der Reichtum Salzburgs in der Vergangenheit stammt zu einem guten Teil aus den Bodenschätzen des Landes, wie sie unter anderem hier in Leogang abgebaut wurden. Allein im Silberbergbau gab es hier einen Jahresertrag von 200 kg reinem Silber. Die Führung dauert etwa 2 Stunden (warme Kleidung wegen der gleichmäßig kühlen Temperatur von etwa 6 Grad im Berg nicht vergessen).
Zurück fährt man dieselbe Strecke bis nach Hütten und biegt gleich rechts auf den Radweg ein, der am Ufer des Grießner Baches in das alte Bergbaudorf mit seinem interessanten **Bergbaumuseum** führt. Dort gibt es auch Mineralien zu

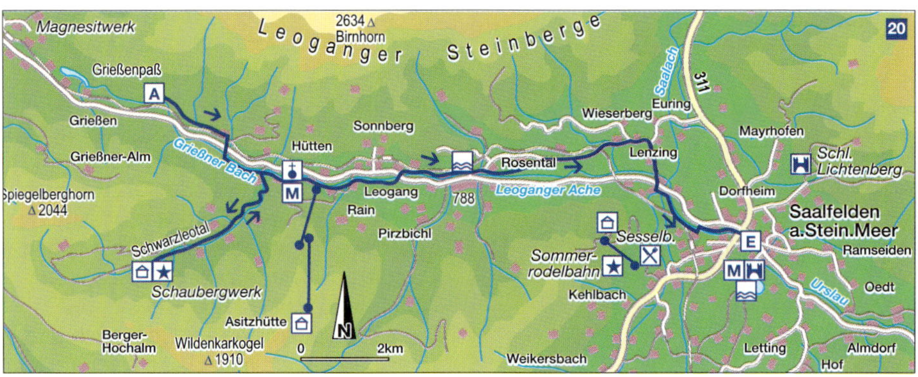

sehen, die im Berg gefunden wurden.
Ein gemütliches Gasthaus mit schattigem Gastgarten mitten in der historischen Siedlung lädt zu einer Rast ein. Daneben befindet sich die **Knappenkapelle St. Anna**.
Dann kreuzt man den Bach und fährt am rechten Ufer durch Auwald bis zum großen Parkplatz der **Asitzbahn** (mit Sommerbetrieb). Rechts oben liegt das Restaurant Riederalm. Immer leicht bergab folgt der Radweg jetzt den Kurven des Baches, führt durch eine kleine Siedlung, wo man vorübergehend ans linke Ufer wechselt. Dann quert man die Zufahrtsstraße zum Hotel Krallerhof und kommt schließlich direkt auf den Holzlagerplatz eines großen Sägewerkes.
Hier endet der Radweg. Man sucht sich den Weg zwischen den Holzlagern und nimmt die kleine Brücke nach links über den Bach zur Bundesstraße. Diese quert man vorsichtig und fährt dann gleich links in eine verkehrsberuhigte Gemeindestraße, die am Ende des Wohngebietes neuerlich in einen Radweg übergeht. Kleine weiße Pfeile markieren hier die Richtung für Radfahrer.
So kommt man in den Ort **Leogang**, man fährt am Sportplatz vorbei und erreicht so das **Sonnrainbad** mit seiner Riesenrutsche. Das eigentliche Ortszentrum liegt rechts jenseits der Bundesstraße. Die Radroute bleibt immer am linken Ufer des Baches, führt am Gasthof Wachterwirt vorbei und biegt beim Lindenhof rechts ab (bitte die Viehsperre wieder schließen).
Die Radroute bleibt jetzt auf asphaltierten Wegen und Nebenstraßen immer an der linken Talseite, es gibt schöne Ausblicke auf das *Steinerne Meer*, die *Burg Lichtenberg* bei Saalfelden und die *Einsiedelei am Palfen* (siehe Route 15).
So kommt man unter der Eisenbahnbrücke durch in den Ortsteil Lenzing und biegt bei der kleinen Kirche rechts ab. Man kurvt durch ein Wohngebiet und gelangt an die Bundesstraße 164, die man vorsichtig quert, dann biegt manauf den sie rechts begleitenden Radweg ein. Nach der Brücke über die Saalach biegt man rechts auf einen Radweg ein, der am Urslaubach entlang bis zum Bahnhof Saalfelden führt. Geradeaus kommt man ins Zentrum von **Saalfelden** und direkt an **Schloß Dorfheim** vorbei.

Information
• Fremdenverkehrsverband A-5771 Leogang, ✆ 06583/234, Fax 7302.
• Fremdenverkehrsverband A-5760 Saalfelden, ✆ 06582/72513, Fax 75398.

Fahrradverleih und Radreparatur
• Leogang: Pinzgauer Radcenter, ✆/Fax 06583/7153.
• Saalfelden: siehe Tour 15.

Übernachtungen unterwegs
• Leogang: Hotel Salzburger Hof****, Sonnberg 170, ✆ 06583/7310, Fax 7310-67.
• Hotel Gasthof Wachter***, Rosental 8, ✆ 06583/304, Fax 304-6.
• Saalfelden: siehe Tour 15.

Urlaub am Bauernhof:
• Leogang: Hinterrainhof, Fam. Eder, Hütten 8, ✆ 06583/285.
• Kleintödlinghof, Fam. Herzog, Ecking 6, ✆ 06583/686.
• Saalfelden: siehe Tour 15.

Highlights
• Schaubergwerk Daniel- und Barbarastollen im Schwarzleotal, Besichtigung/Führung; Mai–Oktober täglich außer Montag 10–17 Uhr und für Gruppen nach Anmeldung, ✆ 0664/3375852 oder 06583/353.
• Bergbaumuseum in Hütten.

Karten
30 Radtouren im Pinzgauer Saalachtal 1:50.000, Verlag Schubert & Franzke.

21 Ein Bikeausflug zum Krimmler Tauernhaus

Ausgangsort
Krimml.

Zielpunkt
Wie Ausgangspunkt.

Anreise/Abreise
Siehe Tour 12.

Tourenlänge
13 km (eine Richtung).

Steigung
Insgesamt 550 Höhenmeter, davon 350 m in steilem Anstieg (bis 12 %).

Eignung für Kinder
Für Kinder ab 12 Jahren geeignet.

Günstigste Jahreszeit
Juli bis September.

Wegcharakter
Geschotterte Almerschließungsstraße, ein längerer unbeleuchteter Tunnel.

Wegmarkierung
Keine für Radfahrer, Wanderweg-Beschilderung Richtung Krimmler Tauern(haus).

Empfohlener Radtyp
Mountainbike.

Besonderheiten
Prächtige Naturlandschaft im Nationalpark Hohe Tauern; Krimmler Wasserfälle; über 600 Jahre altes Tauernhaus.

Kombination
Als Ausflug am Beginn des Tauernradweges (Route 12).

Diese Tour ins Herz der Hohen Tauern stellt einige sportliche Anforderungen an Radfahrer, müssen doch am Eingang in das anschließend flache Krimmler Achental rund 350 Höhenmeter steile Auffahrt längs der Fallinie der Krimmler Wasserfälle überwunden werden. Natürlich kann man diesen Streckenabschnitt auch zum Teil schiebend bewältigen (Gehzeit im Steilstück etwa eine Stunde). Die Tour sollte man nur bei vorhersehbar günstigen Wetterbedingungen unternehmen, da ein Kälteeinbruch hier im Hochgebirge dramatisch verlaufen kann und dichte Wolken die schönsten Blicke in die Hohen Tauern verwehren.

Ausgangspunkt ist der Parkplatz *Wasserfall* beim Ort **Krimml** auf 1060 Meter Seehöhe, wo auch der Tauernradweg beginnt. Hier fährt man Richtung *Mautstelle der Gerlospaßstraße* (Radler zahlen nichts) und auf der gut ausgebauten Straße zwei Spitzkehren hoch. Bei der zweiten Kehre ist ein fast 270 Grad drehender Tunnel zu durchfahren, kurz danach zweigt links eine Forststraße in den Wald ab, die zum *Krimmler Tauernhaus* führt (Fahrverbot, außer für Berechtigte, durch einen versperrbaren Balken für Autos unerreichbar). Nun geht es in zwei langgezogenen Kehren gleichmäßig hinauf, dann über eine kleine Brücke über den Seebach und etwas flacher bis zum Gasthof Schönanger. Links hat man immer wieder Ausblicke auf die in drei Stufen niederbrausenden *Krimmler Wasserfälle,* die als höchster Wasserfall Mitteleuropas mit einem Europadiplom ausgezeichnet sind und unter strengem Schutz stehen.

Zwischen der zweiten und der dritten Wasserfallstufe quert man das Achental und fährt nun wieder sehr steil in mehreren Kehren bis zum Eingang eines einspurigen, unbeleuchteten Tunnels, den man, das Fahrrad schiebend, vorsichtig durch-

läuft. Nun hat man den anstrengendsten Teil hinter sich und erreicht den Einstieg ins *Krimmler Achental* (1482 m).
Vor uns liegt ein typisches alpines Trogtal, man kann sich den darin träge dahinfließenden Gletscher förmlich vorstellen, der bis zur letzten Zwischeneiszeit vor 10 000 Jahren das Tal ausgefüllt und die steilen Hänge und Felswände zu beiden Seiten ausgeschürft hat. Hier in der Außenzone des *Nationalparks Hohe Tauern* wird besonderer Wert auf die Erhaltung einer nachhaltigen Almwirtschaft gelegt, viele Almhütten werden in traditionellem Stil renoviert, man sieht Pinzgauer Holzzäune, die ohne Nägel einfach ineinandergesteckt sind, und Holzschindeln auf den Dächern.
Flach bis sanft ansteigend, radelt man jetzt das Tal aufwärts. Bei der **Hölzlahneralm** und der **Söllnalm** bieten sich besonders

hübsche Blicke ins Tal, man erkennt das Titelfoto so mancher Nationalparkprospekte wieder, die sich dieser Postkartenmotive bedienen. Die Krimmler Ache mäandert hier kristallklar durchs weite Tal.
Bei der Weiterfahrt kommt man an Almhütten vorbei, die von Südtiroler Bauern bewirtschaftet werden. Dies ist eine jahrhundertealte Besonderheit, die mit der früheren Armut der Oberpinzgauer Bauern zu tun hat. Ihre Nachbarn südlich des Krimmler Tauern im Südtiroler Ahrntal waren durch den Bergbau zu Wohlstand gelangt, hatten jedoch im engen Tal nur wenig Weidefläche. So kauften sie den Krimmler Bauern Alm um Alm im Achental ab und treiben seither im Juni ihr Vieh über den 2633 Meter hohen Krimmler Tauern nach Norden in den Pinzgau und erst spät im Oktober wieder zurück. Hunderte Kühe, Schafe und Ziegen machen diese anstrengende hochalpine Wanderung mit, wobei in den letzten Jahren der Auftrieb technisiert wurde (Lkw-Transport der Kühe durch den Felbertauern-Tunnel nach Krimml), weil niemand mehr die Zeit hat, mit den vom Winter im Stall untrainierten Tieren »Kondition zu tanken«.
Früher war das für mehrere Wochen Aufgabe der »Treiber«, bevor der gefährliche, zweitägige Marsch über den Tauern angetreten wurde, doch heute gibt es diesen Beruf nicht mehr. Anders ist es im Herbst: Dann zieht auch heute noch das durch den langen Almaufenthalt in körperlicher Hochform befindliche Vieh über die Berge ins heimatliche Südtirol.
Durch die Abtretung Südtirols nach dem Ersten Weltkrieg an Italien grenzt der Pinzgau hier auf einer Länge von 12 Kilometern an Italien. Die grenzüberschreitende Almbewirtschaftung ist Gegenstand eines eigenen Staatsvertrages zwischen Italien und Österreich, in dem den Tiroler Bauern Steuerfreiheit während ihres Auf-

enthaltes im Pinzgau eingeräumt wird. Bis zum Beitritt Österreichs zur Europäischen Union im Jahre 1995 war auf dem Krimmler Tauern zur Kontrolle des Viehtriebes die höchstgelegende Zollstation der Ostalpen eingerichtet.
Diese historischen Zusammenhänge sind auch die Erklärung für den hier auf den bewirtschafteten Almen angebotenen Graukäs', eine sonst in Salzburg nicht heimische Tiroler Magerkäsespezialität, die so reif sein sollte, daß sie einem auf dem Brot buchstäblich »entgegenläuft«.
Nach der **Innerschachenalm** geht es noch über eine kleine Kuppe, dann sieht man bereits das mächtige Gebäude des *Krimmler Tauernhauses* (1622 m) vor sich, das letzte nicht auf Autostraßen erreichbare alte Tauernhospiz, das ganzjährig bewirtschaftet wird, und das bereits seit über 600 Jahren.
Tauernhäuser gab es an allen Ausgangs- und Endpunkten der Säumerrouten über die Hohen Tauern. Sie dienten als letzte Station vor der mühevollen Paßquerung, als erste Anlaufstelle für Hilfesuchende, wenn Unglücke geschahen, und als Warteplatz, wenn Schnee und Lawinen eine Fortsetzung der Reise unmöglich machten. Die Tauernhäuser wurden von der Obrigkeit unterstützt und waren auch verantwortlich für die Instandhaltung des jeweiligen Wegabschnittes. Heute ist das

Nach dem steilen Aufstieg weitet sich das Krimmler Achental, der Weg wird flacher.

Krimmler Tauernhaus ein sehr traditionell geführtes Schutzhaus mit einer einmalig schönen alten Gaststube, wo auch eine Serie von historischen Fotos von Almabtrieben der Ahrntaler Bauern aus dem Krimmler Achental zu sehen sind. Auch eine eigene Hauskapelle gehört zum Tauernhaus, dessen Bewohner im langen Winter weitgehend von der Außenwelt abgeschnitten sind und nur mit einem Ski-Doo an den Talausgang gelangen können. Man kann in einfachen Zweibettzimmern oder auf einem Lager nächtigen. Von hier kann man mit dem Fahrrad noch ein gutes Stück weiter ins Achental hineinradeln, bis man bei der Materialseilbahn zur Warnsdorfer Hütte das Ende des Weges erreicht. Hier steht man bereits in unmittelbarer Nähe des ewigen Eises des *Krimmler Kees* (»Kees« ist das Pinzgauer Wort für Gletscher) in der Kernzone des Nationalparks Hohe Tauern.
Bitte bleiben Sie auf der Almerschließungsstraße, jede Art von Querfeldeinfahrten sind im Nationalpark verboten.

Information
• Fremdenverkehrsverband A-5743 Krimml, ✆ 06564/239, Fax 550.

Übernachtungen unterwegs
• Hotel Krimmlerfälle****, ✆ 06564/203, Fax 473.
• Hotel Gasthof zur Post***, Nr. 18, ✆ 06564/358, Fax 55831.
• Pension Landhaus Rosengartl***, ✆ 06564/228 od. 556, Fax 556-16.
• Krimmler Tauernhaus, Fam. Steger, ✆ 06564/8327.

Karten
Freytag & Berndt Wander- und Radkarte 1:50.000, Nr 121.

Weitere Informationen:
Siehe Tour 12.

22 Die Gasteinertal-Radroute

Ausgangsort
Böckstein.

Zielpunkt
Schwarzach (oder Klammstein).

Anreise/Abreise
PKW: Tauernautobahn A 10, Abfahrt Bischofshofen, B 311 bis Schwarzach weiter bis zur Abzweigung Gasteinertal, auf der B 167 bis zur Autoverladestelle in Böckstein.
Bahn: Von Schwarzach (Intercity) mit der Bahn durch das Gasteiner Tal bis zum Bahnhof Böckstein (= Autoverladestelle).

Tourenlänge
25 km bis Dorfgastein, 44 km bis Schwarzach.

Steigung
Keine, 250 Höhenmeter Gefälle.

Eignung für Kinder
Für Kinder ab 10 Jahren geeignet.

Günstigste Jahreszeit
Juni bis September.

Wegcharakter
Großteils Radwege, verkehrsfreie Nebenstraßen, bei Badgastein steile Abfahrten.

Wegmarkierung
»Gasteinertal-Radroute« in weißer Schrift auf grünen Tafeln.

Empfohlener Radtyp
Trekking- oder Mountainbike, ab Bad Hofgastein mit allen Radtypen befahrbar.

Besonderheiten
Felsenbad in Badgastein; Thermentempel in Bad Hofgastein; Gasteiner Wasserfall.

Kombination
Mit Route 14 ab Gasthof Posauner weiter auf dem Tauernradweg.

22 Die Gasteinertal-Radroute

Das Gasteinertal mit seinen Thermalquellen gehört zu den ältesten Gebieten mit Tourismus in Mitteleuropa. Schon im vorigen Jahrhundert kamen Reiche und Mächtige aus aller Welt nach *Badgastein,* um die Heilwirkung des Wassers zu genießen. Dieses Thermalwasser benötigt 4000 Jahre, um aus den Tiefen der Felsen Wärme und das in Spuren enthaltene Edelgas Radon mitzunehmen, dessen Vorkommen in Mitteleuropa einzigartig ist. Das Kurangebot wird heute durch den Heilstollen ergänzt, einen alten Bergwerksstollen aus der Zeit des Goldabbaues, dessen besonderes Klima ebenfalls Heilwirkung hat. Viele Kurhotels in *Badgastein* und *Bad Hofgastein* haben einen direkten Anschluß an die Thermalwasserleitung, die beide Orte versorgt.
Die neue Gasteinertal-Radroute ist besonders familienfreundlich, weil sie meist flach oder bergab verläuft und keine nennenswerten Steigungen aufweist – mit Ausnahme der relativ steilen Abfahrten vom Kötschachtal nach Bad Hofgastein.
Die Anreise mit der Bahn zur *Autoverladestelle Böckstein* ist ebenfalls sehr fahrradfreundlich. Wenn man beispielsweise bis Schwarzach oder auch nur nach Dorfgastein radelt, hat man eine perfekte Bahnan- und abreise für diesen Ausflug. In Böckstein werden Autos auf die Bahn verladen und durch den Tauerntunnel nach Mallnitz in Kärnten geschleust. Wer Lust und Zeit hat, kann von hier aus auch einen Ausflug in das malerische und verkehrsfreie Anlauftal unternehmen.
Mit dem Fahrrad ins Gasteinertal fährt man vorsichtig auf der Bundesstraße 167 1,5 km bergab nach Böckstein, wo man links abbiegt. Am SAFE-Kraftwerk vorbei kommt man zu einer Abzweigung rechts über eine Brücke und befindet sich mitten in der Montansiedlung **Alt-Böckstein**, die interessante Einblicke in die Geschichte des Goldbergbaus ermöglicht. Man fährt am Säumerstall, am Waschhaus, am Salzstadl und an der Alten Schule vorbei, biegt dann rechts zum Kriegerdenkmal ab und fährt über die Holzbrücke ans andere Ufer der Naßfelder Ache. Ein Kiesweg führt zu einer weiteren Brücke über den Anlaufbach, beide Gewässer bilden dann die **Gasteiner Ache**.
Man biegt links ab und folgt dem Bach am rechten Ufer immer geradeaus. So fährt man nach **Badgastein**, kommt an der Eisschießbahn und an Tennisplätzen vorbei und über eine Radlerbrücke ans linke Ufer. Dann fährt man unter der Eisenbahn und der B 167 durch Richtung *Graukogelbahn*. Bei der nächsten Kreuzung biegt man links in die *Karl-Heinrich-Waggerl-Straße* ein und fährt am linken Ufer der hier bereits wilder werdenden Gasteiner Ache bergab auf das Sporthotel Echo zu. Dann fährt man rechts auf die sogenannte Hohe Brücke über die Ache Richtung *Kötschachtal.* Von der Brücke hat man einen schönen Blick in die Schlucht, durch die die Gasteiner Ache mitten im Ortszentrum in den berühmten **Wasserfall**, Wahrzeichen von Badgastein, übergeht.
Von hier aus kann man einen Ausflug ins Zentrum des Kurortes machen, wenn man nach der Brücke gleich links den Fußweg am Wasserfall nimmt, allerdings muß man vorher einen Parkplatz für die Fahrräder finden. So kommt man zum **Kongreßzentrum** und zur **Kurverwaltung**, wo es eine interessante Tonbildshow über Badgastein und sein Thermalwasser zu sehen gibt.
Die Radroute bleibt oberhalb des Orts zentrums und führt auf einer malerischen Straße weiter flach bis leicht ansteigend Richtung *Kötschachtal*. Immer wieder hat man links herrliche Blicke auf die imposante Skyline des Kurortes mit seinen

Vor dem Kongreßhaus in Badgastein. Der berühmte Kurort war schon im 19. Jahrhundert Treffpunkt europäischer Potentaten, die hier Heilung von ihren Leiden suchten.

Hotels aus der Zeit der Jahrhundertwende.
Kurz vor dem Eingang des Kötschachtales beginnt eine steile Abfahrt. Man biegt scharf links ab und fährt auf einer Straße mit Autofahrverbot steil bergab. Weiter geht es über eine Holzbrücke nach rechts und idyllisch durch ein Waldstück, bis man scharf links abbiegen muß. Hier beginnt eine Schotterstraße, die in zwei Haarnadelkurven steil bergab führt. In der letzten Kehre fährt man geradeaus Richtung *Reitclub* und *Golfplatz*, kommt dann kurvig durch eine kleine Siedlung und biegt bei der Nachrangstraße rechts ab. Am Hotel Sonngastein vorbei radelt man jetzt auf einer schmalen Asphaltstraße zwischen Weidezäunen Richtung *Bad Hofgastein*. An der rechten Talseite entlang schlängelt sich die Straße dahin, auf kurze Anstiege folgen lange Abfahrten. So erreicht man den Ortsteil *Gadaunern*, fährt geradeaus über die kleine Holzbrücke und auf den Kirchturm von **Bad Hofgastein** zu. Immer geradeaus kommt man zur Fußgängerzone, Radfahrer dürfen bis zur Kirche weiterfahren. Am Kirchplatz biegt man links ab und fährt rechts in die *Kurpromenade.* Gleich wieder links geht es am Kurmittelhaus vorbei und direkt auf den sogenannten **Thermentempel** zu, das Erlebnisbad des Kurortes mit Unterwassergymnastik, Saunalandschaft und Wellness-Programm. Hier biegt man rechts auf den Radweg ein, fährt am Kongreßzentrum mit der Tourist Information vorbei und überquert den kleinen Platz mit dem Trinkbrunnen schräg nach links. Hier kann man warmes Thermalwasser kosten.
Dann fährt man nach links und rollt bergab aus dem Ort hinaus. Man biegt erst links und dann rechts zur Einfahrt in die B 167 ein. Hier liegt die Talstation der **Schloßalmbahn**, einer Standseilbahn mit Sommerbetrieb.
Für 300 Meter fährt man jetzt vorsichtig auf der B 167 und biegt dann links ab.

Eine Nebenstraße führt aus dem Ort hinaus, an der Pizzeria Haitzing vorbei und zu einem großen Reiterhof. Weiter geht es am **Schmaranzgut** vorbei, wo man das erste biologische Bier Österreichs kosten kann, und auf einer Asphaltstraße durch eine kleine Siedlung und zurück an die Bundesstraße. Ein Schild weist hier auf das Ende des Gasteinertal-Radweges hin.

Aber keine Angst: Nach nur 300 Metern beim Ladertingerhof beginnt bereits der Radweg von *Dorfgastein*. Allerdings ist große Vorsicht beim Einbiegen links in die B 167 geboten, bis man diese nach kurzer Strecke wieder verläßt und den neben der Bundesstraße verlaufenden, asphaltierten Radweg nimmt.

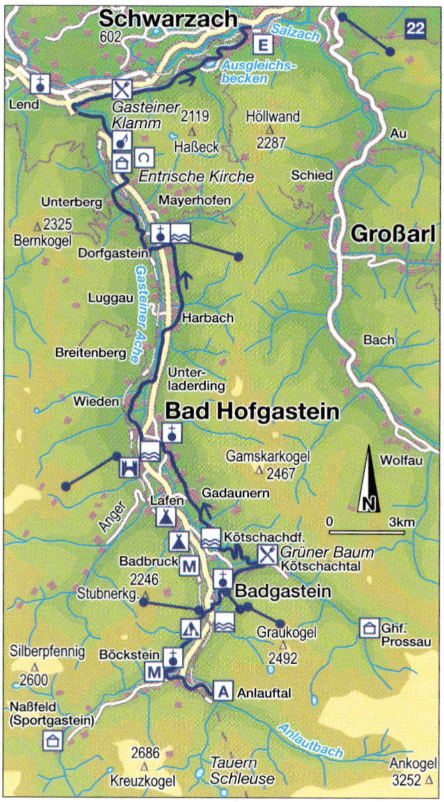

Der Radweg verläßt die B 167 und geht in die alte Gemeindestraße über, die fast verkehrsfrei in den Ortsteil Harbach führt. An einem schilfigen Moos vorbei kommt man zu einem Stoppschild und fährt geradeaus auf den Kirchturm von Dorfgastein zu. Die Einbahnregelung gilt nicht für Radfahrer. Im Ort fährt man am Gasthof Steindlwirt und an der Kirche vorbei und biegt dann scharf links ein Richtung *Unterberg*. Eine schmale Straße führt zu einer Unterführung und geradeaus weiter zu einer hölzernen Radlerbrücke über die Gasteiner Ache und links zur Bahnunterführung beim Bahnhof Dorfgastein.

Variante: Wem der Ausflug zu lange ist, der kann hier bereits die Heimreise per Bahn antreten.

Die Radroute führt auf einer Asphaltstraße links neben der Bahntrasse in den Ortsteil Unterberg. Geradeaus geht es durch den Ort, dann biegt man rechts ab und kommt zu einer schmalen Brücke nur für Radfahrer über die Ache. Ein Kiesweg führt ein kurzes Stück zwischen Fluß und Bahn entlang, dann unterquert man die Trasse und kommt steil bergauf an eine gefährliche Einmündung in die B 167, die man vorsichtig nach links überquert.

Hier beginnt wieder ein straßenbegleitender Radweg an der rechten Seite der B 167, der zur *Burg Klammstein* führt. Wer die Burg besichtigen will, muß sein Rad kurz steil hinaufschieben und wird dann mit einer Burgführung samt Mineralien- und Gespensterschau belohnt.

Der Radweg bleibt im Tunnel, der unter der Burg durchführt und kommt dann auf den Parkplatz bei der Schauhöhle **»Entrische Kirche«.** Ein halbstündiger Aufstieg führt zum Eingang der Karsthöhle, die während Reformation und Gegenreformation geheimer Treffpunkt der in

Salzburg verbotenen Protestanten war. Heute ist die Höhle Zufluchtsstätte für Hunderte von Fledermäusen, die hier überwintern. Forscher haben durch Markierung der Tiere herausgefunden, daß sie während der warmen Jahreszeit erstaunlich weite Reisen unternehmen. Eine Fledermaus aus der Entrischen Kirche wurde unter einer Seine-Brücke in Paris hängend gefunden! Die Führung durch die Höhle dauert 50 Minuten.
Nach dem Parkplatz biegt man links ab und kommt bald zu einer Schranke, die die alte Straße durch die *Gasteiner Klamm* für den Verkehr sperrt. Hier hat ein privater Verein sich große Mühe gegeben, diese an sich gut erhaltene Straße, die viele Jahrhunderte lang der einzige Weg ins Gasteinertal war und nach dem Tunnelbau nicht mehr benötigt wurde, als Radweg einer neuen Bestimmung zuzuführen. Die Strecke gilt allerdings amtlich als steinschlaggefährdet, das Befahren erfolgt daher ausdrücklich auf eigene Gefahr. Vorsicht ist auch bei den verführerisch schönen Blicken in die Schluchten der Gasteiner Klamm geboten, da keine verläßliche Absperrung am rechten Rand der Straße existiert. Die Alternative zur Befahrung dieser alten Straße ist die Fahrt mit dem Fahrrad durch die beiden Tunnel an der B 167, die ins Salzachtal führen. Nach der Fahrt durch die Klamm kommt man zu einer Stelle, wo man das Fahrrad ein paar Stufen hinuntertragen muß, um auf den Weg zu gelangen, der auch den zweiten Tunnel umfährt. Danach geht es hinauf an eine Radspur, die ab der Kreuzung mit der B 331 rechts neben der stark befahrenen Straße leicht bergauf abbiegt. Dieser Weg führt am Bahnhof *Loifarn* vorbei, dann oberhalb des Gasthofs Posauner auf den Tauernradweg und zur Route über das sogenannte Ausgleichbecken zum Bahnhof Schwarzach (siehe Route 14).

Information

- Fremdenverkehrsverband A-5640 Bad Gastein, ✆ 06434/2531-0, Fax 2531-37.
- Fremdenverkehrsverband A-5630 Bad Hofgastein, ✆ 06432/7110-0, Fax 7110-31.
- Fremdenverkehrsverband A-5632 Dorfgastein, ✆ 06433/277, Fax 637-37.
- Fremdenverkehrsverband A-5620 Schwarzach, ✆ 06415/7520, Fax 7933.

Fahrradverleih

- Bad Gastein: Bahnhof, ✆ 06434/24360.
- Bad Hofgastein: Radsport Eckschlager, Salzburger Straße 40, ✆ 06432/6323.
- Sport Fleiß, Schloßgasse 2, ✆ 06432/7218.
- Schwarzach: siehe Tour 14.

Fahrradreparatur

- Bad Hofgastein: Radsport Eckschlager, Salzburger Straße 40, ✆ 06432/6323.
- Sport Fleiß, Schloßgasse 2, ✆ 06432/7218.
- Schwarzach: siehe Tour 14.

Übernachtungen unterwegs

- Pension Hotel Gruber***, 5645 Böckstein, Südtiroler Straße 2, ✆ 06434/2739, Fax 2739-11.
- Bad Gastein: Hotel Europäischer Hof****, Miesbichlstraße 20, ✆ 06434/2526-0, Fax 2526-262.
- Dorfgastein: Unterbergerwirt***, Unterberg 7, ✆ 06433/359-0, Fax 359-59.
- Gasthof Steindlwirt, Nr. 4, ✆ 06433/219, Fax 219-40.
- Schwarzach: siehe Tour 14.

Urlaub am Bauernhof:

- Bad Gastein: Scheibenhof, Fam. Söllner, Mießbichlstraße 61, ✆ 06434/2951.
- Bad Hofgastein: Feldinggut, Fam. Sendlhofer, Feldingweg 17, ✆ 06432/6766.
- Tofererhof, Fam. Salzmann, Gadaunern 13, ✆ 06432/8229.
- Dorfgastein: Steinerbauer, Fam. Meikl, Maierhofen 6, ✆ 06433/318.
- Torbauer, Fam. Berger, Maierhofen 10, ✆ 06433/283.
- Amosergut, Fam. Röck, Unterberg 15, ✆ 06433/285-0, Fax 285-33.

Camping
- Bad Gastein:
Gasteiner Blick, Waggerlgasse 9,
✆ 06434/2178.
- Kur Camping Erlengrund,
Erlengrundstraße 6,
✆ 06434/2790, Fax 2526-262.
- Bad Hofgastein:
Kur Camping Bertahof,
✆ 06432/6701.

Jugendherberge:
- Bad Gastein:
Leonhard Lüftenegger Haus,
Ederplatz 2,
✆ 06434/2080, Fax 50688.
- Schwarzach: siehe Tour 14.

Einkehrmöglichkeiten
Siehe Hotels und Gasthöfe unter Übernachtungen unterwegs.

Highlights
- Montansiedlung Alt-Böckstein, Freilichtmuseum mit Salzstadl (= Montanmuseum), Waschhaus, Säumerstall, Direktionsgebäude, Werkmeisterhaus, Kolm (Magazin), Coloredohaus und Pfarrhof, geöffnet Juli–Mitte September täglich außer Montag 10–12 u. 15.30–18 Uhr sowie nach Anmeldung, jeden Freitag 15 Uhr Führung im Säumerstall mit Goldaufbereitungsanlage, ✆ 06434/4253.
- Felsenbad, mit Thermalbad, geöffnet täglich ca. 9–20 Uhr, ✆ 06434/2223.
- Bad Hofgastein: Thermen- und Saunatempel, geöffnet täglich 9–20.30 Uhr, ✆ 06432/8293.
- Dorfgastein-Klammstein: Entrische Kirche, Tropfstein-, Trocken- und Wasserhöhle, geheimer Versammlungsort der Protestanten während der Gegenreformation, heute Protestantengedenkstätte im »Fledermausdom«, Naturdenkmal, Führungen Ostern–Anfang Oktober täglich außer Montag um 11, 12, 14, 15 und 16 Uhr sowie im Juli und August auch um 10 und 17 Uhr (auch am Montag). ✆ 06433/695 oder 06412/5556.

Karten
Freytag & Berndt Wander- und Radkarte 1:50.000, Nr. 191.

23 Badespaß im Alpenvorland: die Seen-Tour

Der erste Abschnitt der Tour ist identisch mit der bei Tour 5 beschriebenen Strecke auf der *Ischler-Bahn-Trasse* von Salzburg nach Eugendorf. Bei der Abzweigung nach Unzing und Thalgau beim Gschirrnwirt in Eugendorf fährt man jedoch geradeaus weiter und kommt nahe an die Bundesstraße, die für kurze Zeit vom Radweg begleitet wird. Bei der Bushaltestelle biegt man links auf die Nebenstraße nach *Fischtaging* ab. Hier sehen wir die Beschilderung für die *Salz-und-Seen-Tour*, die gekreuzte Hämmer und die Wellen der Seen symbolisch vereint.
Durch *Unterhaging* kommt man zur Abzweigung nach *Fischtaging* und auf eine kleine Kuppe, von der es einen schönen Blick auf den *Wallersee* gibt. Bei der nächsten Kreuzung biegt man links ab, geradeaus ginge es nach *Henndorf*, dem früheren Wohnort von Carl Zuckmayer. Bei der nächsten Nachrangstraße biegt man nochmals links ein und kommt durch den Ortsteil Weinberg nach **Seekirchen**. Im Zentrum fährt man an der Kirche vorbei und weiter zur Bahnunterführung. Gleich daneben biegt man rechts ein und fährt am Bahnhof vorbei auf einer Nebenstraße in den Ortsteil **Seewalchen**. Rechts führt eine Abzweigung zum weitläufigen **Seebad** mit Kinderspielplatz, Beach-Volleyballfeld und Bootsverleih. Der **Wallersee** ist der beliebteste Badesee der Salzburger.
Die Radroute führt in Seewalchen geradeaus leicht bergauf über eine Kuppe und dann an großen Bauernhöfen vorbei. Im Ortsteil **Bayerham** kommt man zu einer Nachrangstraße, in die man trotz Sackgassenschild rechts einbiegt. Unter der Eisenbahn durch kommt man zu einem

Ausgangsort
Salzburg.

Zielpunkt
Wie Ausgangspunkt.

Anreise/Abreise
siehe Tour 5.

Tourenlänge
62 km.

Steigung
Viele kurze Anstiege, aber keine nennenswerte Höhendifferenz.

Eignung für Kinder
Für Kinder ab 12 Jahren geeignet.

Günstigste Jahreszeit
April bis Oktober, wenn man baden möchte: Juni bis August.

Wegcharakter
Großteils asphaltierte Radwege und verkehrsarme Nebenstraßen.

Wegmarkierung
»Salzkammergutradweg« in weißer Schrift auf grünen Tafeln von Salzburg bis Eugendorf und von Mattsee zurück nach Salzburg, schwarz-weiße Aufkleber mit dem Salz-und-Seen-Symbol auf anderen Wegweisern zwischen Eugendorf und Mattsee.

Empfohlener Radtyp
Mit allen Fahrradtypen befahrbar.

Besonderheiten
Wegen ihrer Länge eine anspruchsvolle Tour für sportliche Radfahrer, die zwischendurch gerne in einen Badesee hüpfen.

Kombination
Mit Touren 3, 4 und 5.

schmalen Steg, der an die andere Seite des Mühlbaches führt. Dann geht es wieder unter der Bahn durch und über Feldwege bis zu einer Vorrangstraße, die man vorsichtig überquert.
Nun beginnt ein etwas steiler Anstieg nach **Dödtleinsdorf**. Im Ort fährt man geradeaus an der kleinen Kirche vorbei, im Ortsteil Helming biegt man links auf die Straße Richtung *Schleedorf* ein. Durch ein Waldstück gelangt man in diesen von großen Bauernhöfen geprägten Ort und kommt beim Gasthof Kollerwirt vorbei. Kurz vor der Ortsausfahrt biegt man links scheinbar Richtung *Seekirchen* ein, nimmt aber gleich nach den letzten Häusern rechts die asphaltierte Nebenstraße mit Autofahrverbot. Diese führt kurvig und bald nur mehr grob geschottert durch die Moorlandschaft rund um die *Egelseen*.
Bei einem großen Bauerngut trifft man wieder auf eine kleine Asphaltstraße und biegt rechts ein. Durch den Ortsteil Guggenmoos kommt man an die stärker befahrene Landstraße nach *Mattsee*, biegt links ein und kommt an einer Bootswerft vorbei. Eine erfrischende Abfahrt bringt uns an die Ortseinfahrt rechts nach Mattsee.
Ab hier folgt die Tour dem Abschnitt von Mattsee nach Obertrum aus Route 4 am *Salzkammergutradweg*.
In Obertrum beim Braugasthof biegt man rechts ab und fährt dann gleich links auf eine Nebenstraße Richtung *Petermühle*, die am neuerbauten Berufsschulzentrum vorbeiführt. Leicht bergauf geht es in den Ortsteil Hamberg, wo man links in die Nebenstraße nach *Mödlham* einbiegt. Bei schönem Wetter sieht man von hier weit ins *Tennen- und Hagengebirge* sowie zum *Untersberg* und zum *Watzmann*. Nach dem Ortsende von Mödlham biegt man rechts Richtung *Anthering* ab und hält auf eine Kuppe zu, auf der man links abbiegt.

Badespaß im Alpenvorland: die Seen-Tour

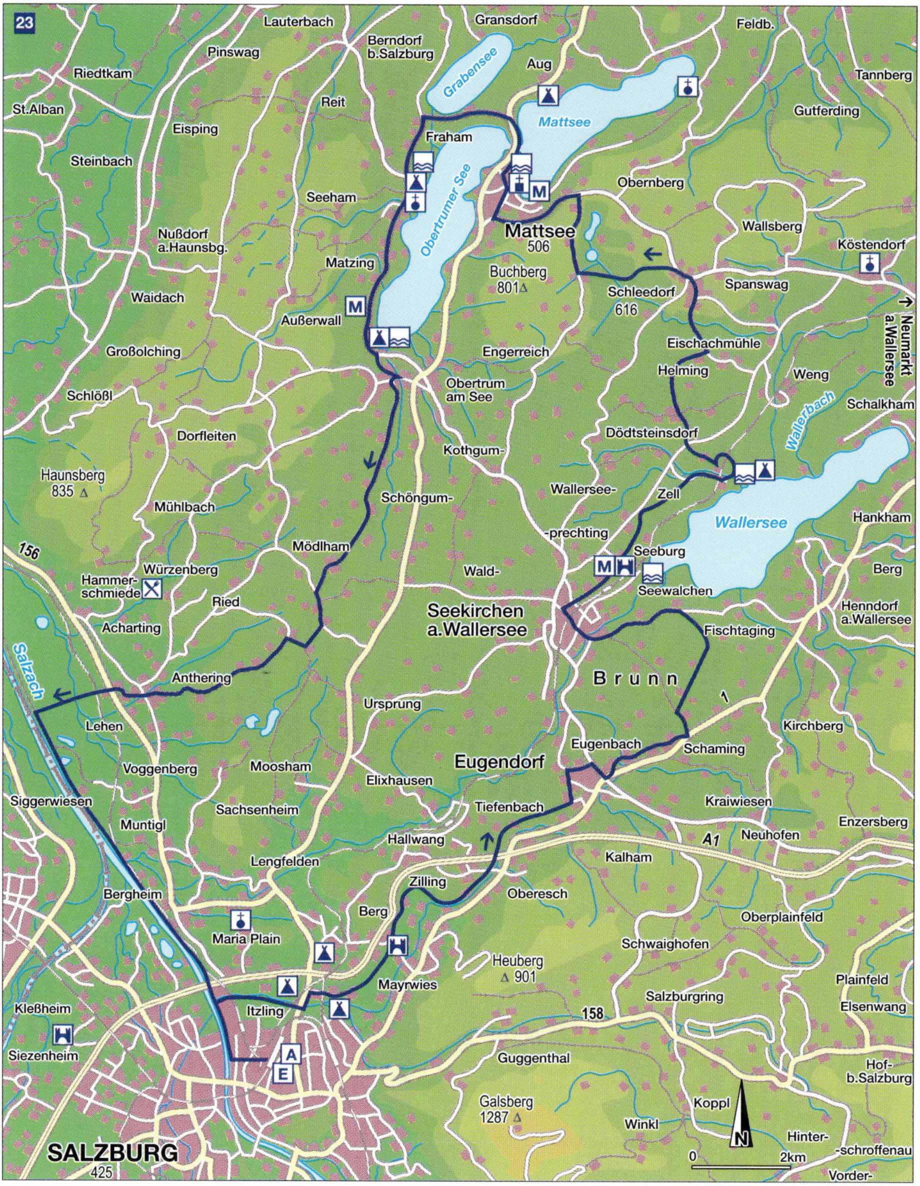

Das beliebteste Ausflugsgebiet der Salzburger ist das Seengebiet nördlich der Stadt. Unser Tip: Unternehmen Sie eine Radtour in diese Region vorzugsweise an Wochentagen! Am Wochenende würden Ihnen die vielen Autoausflügler möglicherweise das Genußradeln verderben.

Jetzt sieht man über das *Salzachtal* weit nach Bayern. Durch den Ortsteil Trainting und an einem großen Wegkreuz vorbei kommt man an eine Abzweigung, wo man geradeaus zu einer langen und recht steilen Abfahrt nach Anthering weiterfährt.
So saust man ins Salzachtal hinab und kommt in den kleinen Ort an der Stadtgrenze zu Salzburg. Wer Lust auf eine letzte Rast hat, dem sei ein Abstecher ins urgemütliche Gasthaus »Zur alten Hammerschmiede« empfohlen, wo man eine noch voll funktionsfähige Schmiede besichtigen kann.
Die Radroute führt erst zur Kirche und biegt dann links in die Bahnhofstraße ein. Diese führt unter der Bundesstraße durch zum Bahnhof Anthering an der Salzburger Lokalbahn.
Wer müde ist, kann hier samt Rad in den Zug einsteigen und zum Hauptbahnhof fahren. Der Radweg führt unter der Bahntrasse durch in den unter Naturschutz stehenden Auwald an der Salzach. Holprig fährt man über zwei metallene Wildabsperrungen bis an den *Tauernradweg*, der am Salzachufer verläuft. Hier biegt man links ein und erreicht bald die Stadtgrenze.

An Schönwettertagen hat man von den kleinen Hügeln im Salzburger Alpenvorland weite Blicke, die im Süden bis ins Gebirge reichen.

Information

- Salzburg Information, A-5020 Salzburg, Auerspergstraße 7, ✆ 0662/88987, Fax 88987-32.
- Fremdenverkehrsverband A-5301 Eugendorf, ✆ 06225/8424, Fax 7773.
- Fremdenverkehrsverband A-5201 Seekirchen, ✆ 06212/4035, Fax 4035-3.
- Trumer Seen Land, A-5163 Mattsee, ✆ 06217/6080, Fax 7421.
- Fremdenverkehrsverband A-5102 Anthering , ✆/Fax 06223/2279.
- Fremdenverkehrsverband A-5101 Bergheim, ✆ 0662/454505, Fax 454505-75.

Fahrradverleih

- Salzburg: siehe Tour 1.
- Seekirchen: Sport Brandstätter, ✆ 06212/4125.
- Bahnhof, ✆ 06212/2209.
- Trumer Seen-Land: siehe Tour 4.
- Bergheim: siehe Tour 3.

Fahrradreparatur

- Salzburg: siehe Tour 1.
- Trumer Seen-Land: siehe Tour 4.
- Anthering, Bergheim: siehe Tour 3.

Übernachtungen unterwegs
- Salzburg: siehe Tour 1.
- Eugendorf: siehe Tour 5.
- Seekirchen: Gasthof Fischtaging, Fischtaging 8, © 06212/2328.
- Gasthof Brückenstüberl, Henndorfer Straße 1, © 06212/2398-0.
- Trumer Seen-Land: siehe Tour 4.
- Anthering: siehe Tour 3.

Urlaub am Bauernhof:
- Salzburg : siehe Tour 1.
- Seekirchen: Köllersberghof, Fam. Wuppinger, Brunn 4, © 06212/5582.
- Trumer Seen-Land: siehe Tour 4.
- Anthering: siehe Tour 3.

Camping
- Salzburg: siehe Tour 1.
- Seekirchen: Strand Camping, © 06212/4088 od. 6267.
- Zell am Wallersee, © 06212/4080.
- Trumer Seen-Land: siehe Tour 4.

Jugendherberge:
Salzburg: siehe Tour 1.

Einkehrmöglichkeiten
Siehe Hotels und Gasthöfe unter Übernachtung unterwegs.

Highlights
- Salzburg: siehe Tour 1.
- Trumer Seen-Land: siehe Tour 4.

Karten
Traum Radwanderkarte Salzburger Alpenvorland 1:50.000, erhältlich bei allen Fremdenverkehrsverbänden.

24 Auf dem Ennsradweg von Flachau über Radstadt nach Schladming

Ausgangsort
Flachau – Gasthofalm.

Zielpunkt
Schladming.

Anreise/Abreise
PKW: Von Salzburg Über die Tauernautobahn A 10 bis zur Autobahnabfahrt Flachauwinkel, von hier noch 6 km bis zur Gasthofalm, von Schladming über die B 146 zurück zur Tauernautobahn.
Bahn: Vom Bahnhof Radstadt) mit demPostbus bis Flachauwinkel, weiter bis zur Gasthofalm nur per Taxi möglich.

Tourenlänge
38 km.

Steigung
Keine.

Eignung für Kinder
Für Kinder ab 8 Jahren geeignet.

Günstigste Jahreszeit
Juni bis September.

Wegcharakter
Asphaltierter Radweg von der Gasthofalm bis Altenmarkt, Nebenstraßen nach Radstadt, gekiester Radweg bis Mandling, abwechselnd Kies und Asphalt bis Schladming.

Wegmarkierung
»Ennsradweg« in weißer Schrift auf grünen Tafeln bis zur Landesgrenze Salzburg/Steiermark; dann »R 7« in weißer Schrift auf kleinen grünen Tafeln.

Empfohlener Radtyp
Trekkingbike.

Besonderheiten
Badesee vor Flachau; Erlebnisbad in Schladming; alte Stadtmauer in Radstadt.

Der *Ennsradweg* ist unter den großen Flußradwegen in Österreich der jüngste. Er führt aus dem salzburgischen Pongau, wo die Enns entspringt, durch das steirische Ennstal nach Oberösterreich, wo die Enns nach rund 250 Kilometern in die Donau mündet.
Ausgangspunkt des Ennsradweges ist die **Gasthofalm**, ein direkt unter den Brückenpfeilern der Tauernautobahn gelegenes Gasthaus mit einigen Gästebetten. Hierher gelangt man nur mit dem Auto, Bahnanreisende müssen sich also von Radstadt per Postautobus oder Taxi bringen lassen. Wer mit dem Auto ankommt, fährt bei der Abfahrt Flachau-Winkl von der Tauernautobahn ab und dann noch einige Kilometer zur Gasthofalm. Gegen Anmeldung beim Wirt der Gasthofalm kann man sein Auto hier auch stehenlassen.
Die kleine Asphaltstraße führt unter der Autobahn durch und an der Autobahnraststätte *Tauernalm* vorbei, von der einige Stufen herunter an die Radroute führen.
Die Enns entspringt an der gegenüberliegenden Talseite zwischen *Kraxenkogel* (2436 m) und *Liebeseck* (2305 m). Bald führt die Route an die junge Enns, die links unterhalb dahinmäandert. Bergab geht es zu einer Brücke über die Enns, dann unter der Autobahn durch und über eine schöne Almlandschaft an einem urigen Holzbauernhaus vorbei. Nun erreicht man den großen Parkplatz bei der Talstation der *Kabinenbahn Flachau-Winkl/Zauchensee*. Hier beginnt links neben der Straße ein prächtig angelegter, neuer Radweg. Der Weg bleibt immer am linken Ennsufer, führt durch ein Wäldchen, wieder unter der Autobahn durch und schließlich zum Restaurant Seestüberl am **Winklersee**. Es geht immer leicht bergab, Vorsicht bei einigen Viehsperren, die bei Nässe recht rutschig sein können!
Am Winklersee gibt es eine erste Möglichkeit zum Baden. Kurz danach kreuzt der Radweg über die Enns und führt über die Straße an die rechte Seite, geht an der Autobahnmeisterei vorbei und führt nun für kurze Zeit an der mäßig befahrenen Straße entlang. Bei der ersten Möglichkeit zweigt man rechts ab auf eine kleine Nebenstraße. Beim Landhaus Winter fährt man links und folgt der Nebenstraße unterhalb der Autobahn. Geradeaus vor uns liegt die barocke Kirche von **Flachau**, in der es ein von Johann Michael Rottmayr gemaltes Altarbild gibt. Bei einer Weggabelung rechts geht es über einen kurzen Anstieg direkt zur Pfarrkirche.
Flachau wurde durch die Erschließung der Skigebiete am **Grießenkar** in den siebziger Jahren ein international bekanntes Wintersportzentrum. Heute ist der Weltcup-Ort Flachau die touristisch größte Gemeinde der Salzburger Sportwelt Amadé. Am Ortsausgang links befindet sich eine **Sommerrodelbahn.**
Der Radweg bleibt bei der Kirche und verläuft rechts oberhalb des Ortszentrums am Hotel Forellenhof vorbei. Will man hinunter in den Ort, nimmt man einfach eine der links abbiegenden kleinen Straßen. Dann biegt auch der Radweg links ab und führt hinunter an die Enns. Vor der kleinen Brücke geht es rechts auf einen Rad- und Gehweg weiter am rechten Ufer. Durch eine kleine Wohnsiedlung erreicht man einen asphaltierten Radweg, der über Felder zum Autobahnzubringer führt. Eine Unterführung führt links zurück an die Landstraße nach *Reitdorf,* der Radweg verläuft rechts neben der Straße.
Am Ortsanfang von Reitdorf, das zur Gemeinde Flachau gehört, biegt der Radweg rechts ab, führt unter der Autobahn durch und biegt dann gleich links auf

einen schönen Weg am Waldrand ein. Am Ortsende kehrt man an die Landstraße zurück, fährt kurz links über die Brücke und dann gleich wieder rechts auf eine kleine Straße. Jetzt radelt man am linken Ennsufer bis zur Abzweigung zum Gasthof Horner-Burtstein.
Hier wechselt man ans rechte Ennsufer und fährt am Uferdamm in einer langgezogenen Rechtskurve nach **Altenmarkt**. Rechts steht die *Atomic-Skifabrik,* einst mit mehr als einer Million Bretteln Jahresproduktion die größte Skifabrik der Welt. Der Wagrainer Wagenschmied Alois Rohrmoser hatte in den frühen sechziger Jahren begonnen, Skier zu produzieren, und damit einen sagenhaften Aufstieg erlebt. Die beste Skifahrerin aller Zeiten, Annemarie Moser-Pröll aus dem benachbarten

Wo in Flachau im Winter die Skifahrer ihrem Vergnügen nachgehen, probieren es im Sommer die Rodler.

Kleinarl, machte seine Bretteln weltberühmt. 1994 mußte Rohrmoser das wirtschaftlich schwer angeschlagene Unternehmen an einen finnischen Konzern verkaufen.
So radelt man am Ennsufer nach Altenmarkt und biegt rechts in die Ortseinfahrt ein. Bei der nächsten Kreuzung fährt man links ins Dorfzentrum, am Metzgerwirt vorbei auf die Kirche zu.
Die älteste Ortschaft im Oberen Ennstal hat eine dreischiffige, frühgotische **Pfarrkirche**, in der sich Altes und Neues eindrucksvoll vereinigen: Am linken Seitenaltar steht eine Kopie der »Altenmarkter Madonna«, einer Steinstatue aus dem Jahre 1393, und der moderne Hochaltar wurde 1972 nach einem Entwurf des berühmten österreichischen Architekten Clemens Holzmeister gestaltet.
Am Marktplatz links liegt die Tourist Information, die Route führt geradeaus weiter, bis man bei einem markanten Holzhaus rechts in die *Römerstraße* einbiegt. Beim Tiefenbachweg biegt man links ein und kommt zu einer kleinen Brücke. Von hier führt rechts ein Radweg nach **Radstadt**. Man erreicht die Stadt mit ihrer alten Befestigungsmauer in der Nähe des Bahnhofs und kann zu einer Besichtigung links abbiegen, wo eine kurze, aber sehr steile Straße zum Stadteingang hinaufführt.
Der Ort, an dem die noch fast vollständig von Stadtmauern und Befestigungsanlagen umgebene Stadt errichtet wurde, war schon vor 2000 Jahren von großer strategischer Bedeutung. Radstadt steht nämlich an der Kreuzung der Ennstalroute mit dem alten Römerweg von Salzburg über den Radstädter Tauern nach Süden. Die Befestigungen wurden im 13. Jahrhundert angelegt und sollten das obere Ennstal und die Tauernpaßstraße schützen.
Man kann aber auch beim Bahnhof südlich an der Stadt vorbeiradeln. Wenn man

in die Stadt abzweigt, kommt man auf der *Salzburger Straße* ins Zentrum, fährt über den Stadtplatz und verläßt Radstadt bergab in Richtung Osten, wo man bei einem Sägewerk wieder auf den Ennsradweg trifft. Der führt jetzt unter der *Tauernpaßstraße* durch in ein Wohnviertel und an die Enns, wo links ein gekiester Radweg beginnt. Dieser folgt nun der Enns, wechselt mehrmals vom rechten ans linke Ufer und zurück. Der geschotterte Weg führt dann weiter durch ein Wäldchen am Ufer der Enns bis nach **Mandling**. Hier an der Landesgrenze zur Steiermark biegt man links über die Ennsbrücke ab, dann gleich wieder rechts in ein Wohngebiet ein und kommt links zur B 146, unter der ein schmaler Weg durchführt.

Auf der anderen Straßenseite überquert man den Mandlingbach und damit die Landesgrenze zur Steiermark, links liegt das Geschäft der bekannten Lodenwalkerei Steiner. Vorbei an zwei Gasthöfen geht es auf einer kleinen Straße aus dem Ort, am Sportplatz vorbei und dann weiter auf einem Radweg links neben der B 146. Bei der ersten Gelegenheit quert man diese

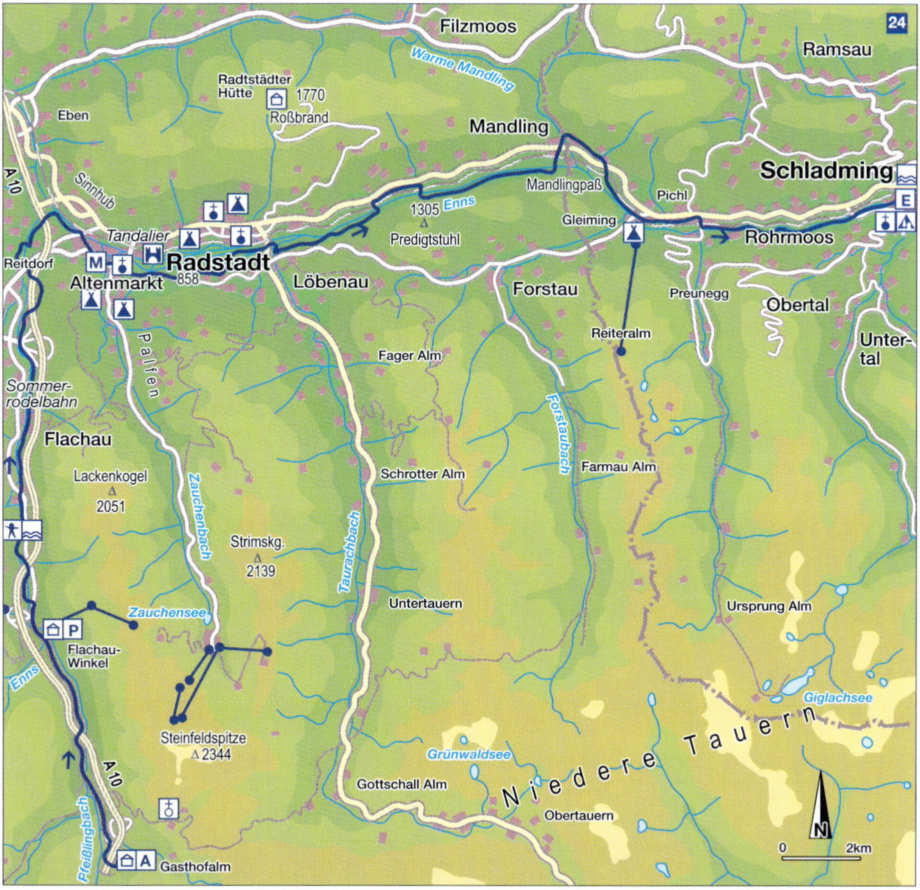

vorsichtig und fährt Richtung *STEWEAG-Kraftwerk* Mandling unter der Bahn durch in die *Warter Au*. Beim Kraftwerk beginnt links eine schmale Asphaltstraße, die hinunter zu den Ennsauen führt. An der Kläranlage vorbei geht es fast verkehrsfrei durch ein Waldstück bis zur Ennsbrücke bei der Talstation der Reiteralm-Gondelbahn. Hier quert man links die Eisenbahn und biegt auf den vorerst sehr schmalen Radstreifen zwischen Bahntrasse und Leitschienen der Bundesstraße, der sich aber bald zu einem neu ausgebauten Radweg entwickelt.

Beim *Bahnhof Pichl* biegt man rechts ab und wechselt wieder ans rechte Ennsufer. Beim Café Gerhardter biegt man links auf eine kleine Asphaltstraße, die mit kleinen, grünen Tafeln als Radweg »R 7« nach dem steirischen Markierungssystem gekennzeichnet ist. Die kleine Straße bleibt an der Enns, wechselt dann über eine Holzbrücke ans linke Ufer und biegt vor dem Bahnübergang scharf rechts ab. Wieder geht es über die Enns zurück ans rechte Ufer. Auf einem gekiesten Radweg geht es weiter, beim Viehgatter links und immer in Ufernähe. An einem kleinen Sägewerk vorbei bleibt man am rechten Ennsufer und biegt bei einigen Häusern links auf einen verkehrsfreien Rad- und Gehweg ein, der an der Enns bis zur Stadteinfahrt von *Schladming* führt.

Unter der Straßenbrücke durch kommt man links neben die Einfahrtsstraße und wechselt bald auf einer schmalen Holzbrücke ans linke Ufer. So erreicht man den Kreisverkehr, wo es rechts über die Ennsbrücke ins Stadtzentrum geht.

Die mittelalterliche Stadt verdankt ihre Gründung dem Silber- und Kupferbergbau und führt bis heute die gekreuzten Hämmer im Stadtwappen, obwohl die Zeiten des Bergbaus längst Geschichte sind. Heute ist **Schladming** das Zentrum der Dachstein-Tauern-Region und insbesondere seit der hier ausgetragenen Alpinen Skiweltmeisterschaft 1982 auch eine Fremdenverkehrsstadt von internationalem Format. 1993 wurden hier die Skibewerbe der World Winter Games von Special Olympics ausgetragen, einer weltweiten Sportorganisation für behinderte Menschen, die von der Kennedy-Familie ins Leben gerufen wurde. Kennedy-Schwiegersohn Arnold Schwarzenegger schätzt die Pisten am Schladminger Skiberg Planai und verbrachte schon so manchen Urlaub hier. Franz Klammer hat auf

Information

• Fremdenverkehrsverband, A-5542 Flachau, © 06457/2214, Fax 2536.
• Fremdenverkehrsverband A-5541 Altenmarkt-Zauchensee, © 06452/5611, Fax 6066.
• Fremdenverkehrsverband A-5550 Radstadt, © 06452/7472, Fax 6702.
• Tourismusverband, A-8970 Schladming, Hauptplatz, © 03687/22268, Fax 24138.

Fahrradverleih und Reparatur

• Flachau: Rad- und Mountainbike Schule Pichler, Gemeindestraße 79, © 06457/2340.
• Sport Perner, Flachauer Straße 14, © 06457/2235
• Altenmarkt: Intersport Schneider, Hauptstraße, © 06452/5479, Fax 5479-9.
• Radstadt: Sport Rappl, Schernbergstraße 8, © 06452/5448.
• Mountain Bike Center, Judenbühel, © 06452/6680.
• Schladming: Zweirad Knauss, Schulgasse 23, © 03687/23124, Fax 23124-14.
• Bahnhof, © 03687/22230-385.

Übernachtungen unterwegs

• Hotel Pongauer Hof***, Nr. 138, © 06457/2242, Fax 2242-25.
• Hotel Tauernhof****, Amadé Biking und Radcamp, © 06457/2276, Fax 2879.
• Radstadt: Sporthotel Radstadt****, Schloßstraße 45, © 06452/5590 od. 6326,

der Planai seine erste Weltcup-Abfahrt gewonnen.
Der Ennsradweg führt nach der Brücke halblinks in den Katzenburgweg und dann durch eine Wohnsiedlung unter der Bundestraßenbrücke durch. Bei der nächsten Kreuzung liegt rechts das Sporthotel Royer und gleich dahinter ein großzügig gestaltetes **Erlebnisbad** mit Riesenrutsche und Volleyballplatz.
In die Altstadt gelangt man beim Kreisverkehr über die Ennsbrücke und gleich rechts in die Fußgängerzone, wo es neben schönen alten Bürgerhäusern auch gemütliche Gasthöfe und Hotels gibt.

Fax 5590-28.
• Schladming: Sporthotel Royer****, Europaplatz 583, ✆ 03687/23240, Fax 23825.

Camping
• Radstadt: Forellen Camping, Gaismairallee 51, ✆ 06452/7861.
• Tauern Camping, Schloßstraße 17, ✆ 06452/215.
• Schladming: Zirngast, Rechte Ennsau 633, ✆ 03687/23195, Fax 23495.

Jugendherberge: Schladming, Coburgstraße 253, ✆ 03687/24531, Fax 24531-88.

Einkehrmöglichkeiten
Siehe Hotels und Gasthöfe unter Übernachtungen unterwegs.

Highlights
• Flachau: Sommerrodelbahn, ✆ 06457/2530.
• Radstadt: Heimatmuseum im Schloß Lerchen, u.a. Geschichte (Römerzeit, Protestantenemigration), volkskundliche Sammlung und Mineralien, geöffnet 1.6.–15.10. täglich 10–12 und 15–17 Uhr, im Mai sowie Weihnachten bis Ostern täglich 10–11 und 15–16 Uhr, ✆ 06452/6374.

Karten
Rad- und Mountainbikewege Pongau 1:50.000, erhältlich bei allen Fremdenverkehrsverbänden.

25 Von Kleinarl zum Jägersee

Ausgangsort
Kleinarl.

Zielpunkt
Talstation Materialseilbahn Tappenkarsee.

Anreise/Abreise
PKW: Von der Tauernautobahn A 10, Abfahrt Flachau über die B 163 nach Wagrain, von hier 8 km bis Kleinarl und weitere 18 km bis zum Parkplatz (gebührenpflichtig) bei der Talstation der Materialseilbahn Tappenkarsee.
Bahn: Vom Bahnhof St. Johann im Pongau (an der Westbahn Salzburg – Zell am See) mit dem Postbus übe Wagrain bis Kleinarl, Endstation beim Jägersee.

Tourenlänge
18 km (reine Fahrradstrecke ohne Wanderung).

Steigung
300 m Höhenunterschied bis zum Parkplatz bei der Materialseilbahn, Steigung gleichmäßig 5 bis 7 %.

Eignung für Kinder
Für Kinder ab 12 Jahren geeignet.

Günstigste Jahreszeit
Juni bis September.

Wegcharakter
Mäßig befahrene Landstraße bis zum Jägersee, Schotterweg bis zum Parkplatz.

Wegmarkierung
Keine.

Empfohlener Radtyp
Mountainbike.

Besonderheiten
Landschaftlich besonders schöner Gebirgssee; Wanderung zum Tappenkarsee (1736 m).

25 Von Kleinarl zum Jägersee

Diese Tour ist besonders für Familien zu empfehlen, die Radfahren mit einer schönen Bergtour verbinden wollen. Alle sollten jedoch etwas sportlich eingestellt sein, denn es geht am Hinweg ständig bergauf.

Ausgangspunkt ist **Kleinarl**, wo im Dorfzentrum das Café Annemarie steht. Hier trifft man die erfolgreichste österreichische Skirennläuferin aller Zeiten: Annemarie Moser-Pröll verblüffte als Kleinarler Bauerntochter die Skiwelt, als sie bereits mit 16 Jahren in der Weltspitze mithielt. Es folgten sechs Weltcup-Gesamtsiege, fünf Weltmeistertitel und ein Olympiasieg.

Man fährt auf der Landstraße durch den Ort flach hinaus Richtung *Jägersee*. Stärkeren Ausflugsverkehr gibt es hier nur an Schönwetterwochenenden. Bald beginnt das Landschaftsschutzgebiet Jägersee, den man nach 4,5 Kilometern erreicht. Gleich am Nordufer liegt ein gemütliches Ausflugsgasthaus mit einer schönen Seeterrasse. Links beginnt eine holprige Schotterstraße, die vorerst am Seeufer entlangführt und dann dem Kleinarl Bach folgt. Durch Fichtenwald geht es jetzt stärker bergauf, rechts gibt es immer wieder schöne Stellen für eine erholsame Rast am kristallklaren Wasser des kleinen Baches.

Der Jägersee im Kleinarltal ist ein beliebtes Ausflugsziel. Man kann Boote mieten oder auf der Seeterrasse des Gasthauses Jägersee rasten.

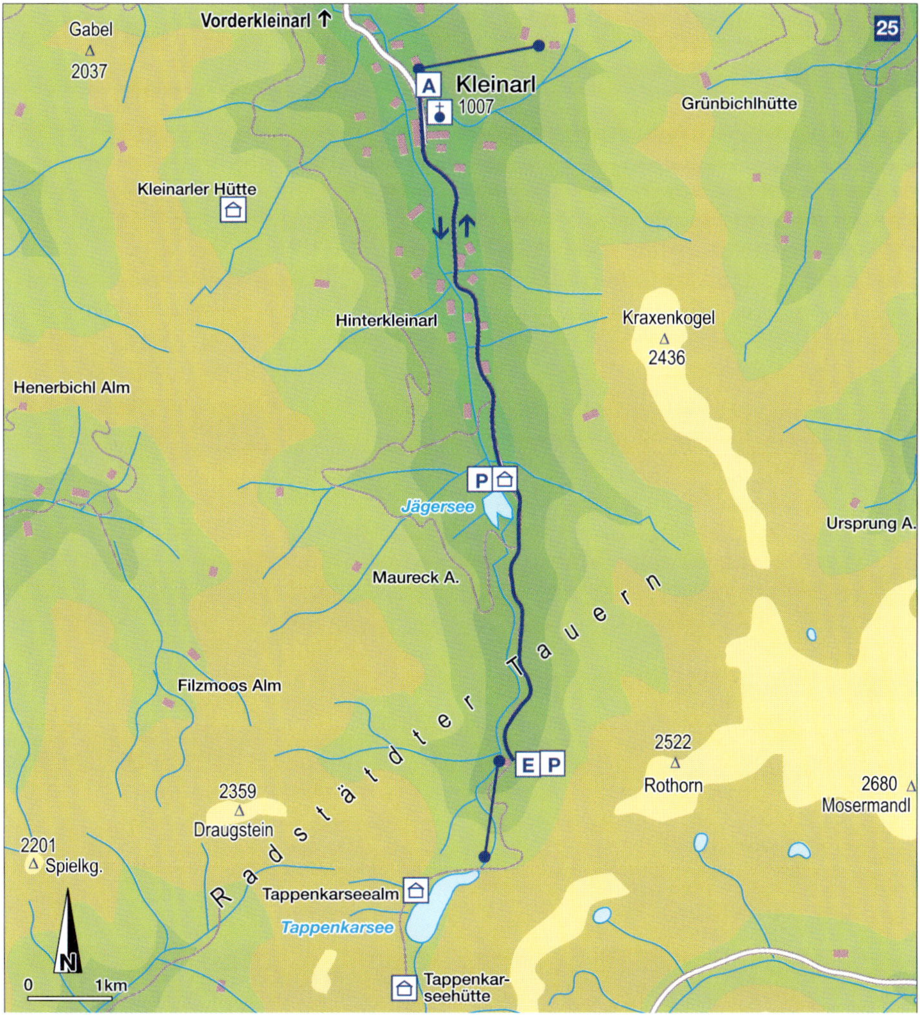

Dann hat man einen herrlichen Blick auf die Felswand, die das Tal abschließt. Links des in kleinen Wasserfällen herunterströmenden Baches führt ein gut markierter Steig hinauf zum *Tappenkarsee,* der sich hinter der oberen Kante der Felswand verbirgt. Mit dem Fahrrad kann man noch bis zu einem Parkplatz radeln, der bei der Talstation der Materialseilbahn zur Tappenkaralm liegt.

Dann geht es zu Fuß weiter, wenn man einen der schönsten und zugleich den größten Gebirgssee der Ostalpen besuchen will. Der Sage nach haust im bis zu 50 Meter tiefen **Tappenkarsee** ein Lindwurm, der früher den Almbauern das Vieh stahl und auch Menschen angriff. Bauernburschen sollen ihn ans Ufer gelockt und ihm eine mit Schießpulver gefüllte Kuh verfüttert haben. Durch die

Explosion sei er schwer verletzt worden, hätte sich aber in den See zurückgerettet, wo er seither an der Felswand nagt, die den See vom Kleinarltal trennt. Eines Tages wird er sein Werk vollbracht haben und Kleinarl und Wagrain mit den Fluten des Sees überschwemmen.
Die Gehzeit vom Parkplatz bis zur malerisch gelegenen Jausenstation Tappenkaralm beträgt 2,5 Stunden (bergauf).

Information
• Fremdenverkehrsverband A-5602 Kleinarl, ✆ 06418/206, Fax 364.

Fahrradverleih und Radreparatur
• Sport Schernthaner, Nr, 185, ✆ 06418/332-9, Fax 332-32.
• Sport Hauser, Nr. 236, ✆ 06418/241 od. 428.

Übernachtungen unterwegs
• Hotel Gasthof Guggenberger, Nr. 55, ✆ 06418/222, Fax 43940.

Urlaub am Bauernhof:
• Peilsteinhof, Fam. Aichhorn, Nr. 25, ✆ 06418/223, Fax 223-4.
• Oberauhof, Fam. Höller, Oberauweg 20, ✆ 06418/255
• Schwabhof, Fam. Viehhauser, Mitterkleinarl 13, ✆ 06418/236.

Einkehrmöglichkeiten
• Gasthof Jägersee, ✆ 06418/350.
• Siehe auch Hotels und Gasthöfe unter Übernachtungen unterwegs.

Highlights
• Jägersee, Landschaftsschutzgebiet, historischer Gasthof am See mit Bootsverleih, ✆ 06418/350.
• Tappenkarsee, größter Gebirgssee der Ostalpen umrahmt von den Gipfeln der Niederen Tauern, Tappenkarseealm und Tappenkarseehütte.

Karten
Rad- und Mountainbikewege Pongau 1:50.000, erhältlich beim Fremdenverkehrsverband.

26 Im Großarltal nach Hüttschlag zum Bienenmuseum

Ausgangsort
Großarl.

Zielpunkt
Wie Ausgangspunkt.

Anreise/Abreise
PKW: Von Salzburg über die Tauernautobahn A 10, Abfahrt Bischofshofen, auf der B 311 bis St. Johann im Pongau, von hier auf der Landesstraße bis Großarl.
Bahn: Der Bahnhof St. Johann im Pongau liegt direkt an der Westbahn, von hier Weiterfahrt mit dem Postbus nach Großarl möglich.

Tourenlänge
34 km.

Steigung
150 Höhenmeter, sanft ansteigend.

Eignung für Kinder
Für Kinder ab 10 Jahren geeignet.

Günstigste Jahreszeit
Juni bis September.

Wegcharakter
Zwischen Großarl und Hüttschlag meist auf der zum Teil engen Landstraße, dann sehr verkehrsarm bis Talwirt, letzte 4 km verkehrsfrei zum See.

Wegmarkierung
Keine.

Empfohlener Radtyp
Mit allen Fahrradtypen befahrbar.

Besonderheiten
Bienen- und Obstbaumuseum; Freilichtschau und Lehrwanderwege beim Talwirt; herrliche Naturlandschaft im Talschluß; Rätselspiel um den Kupfergeist in Hüttschlag.

Das Großarltal zweigt bei *St. Johann* im Pongau vom Salzachtal ab. Die Großarler Ache bricht hier durch die *Liechtensteinklamm* (siehe Route 14). Die Straße nach Großarl ist allerdings nicht radfreundlich sondern steil und oft stark befahren, so daß man am besten im Dorfzentrum von **Großarl** mit dem Radausflug in das schon zum Nationalpark Hohe Tauern gehörende Schödertal beginnt.

Von der Bushaltestelle gegenüber einem alten Holzbauernhaus fährt man Richtung *Hüttschlag* aus dem Ort hinaus und kommt an die Landesstraße, die man vorsichtig überquert. Nach dem Lagerhaus biegt man links auf einen durch ein Autofahrverbotsschild markierten Radweg, der entlang der Großarler Ache flußaufwärts führt. Man folgt immer den Schildern »Fahrverbot, ausgenommen Fahrräder«, kommt dann am links gegenüberliegenden **Hackschnitzelheizkraftwerk** vorbei. Dieses versorgt den ganzen Ort Großarl mit Wärme und wird aus den Abfällen des direkt daneben liegenden Sägewerkes gespeist. Es war das erste seiner Art im Salzburger Land und hat seither in fast zwanzig Gemeinden Nachahmer gefunden, die sich ebenfalls für diese umweltschonende und den natürlichen Ressourcen des alpinen Raumes entsprechende Form der Energieproduktion entschlossen haben. Immer wieder nachwachsende Holzabfälle verbrennen nicht nur schadstoffarm, auch der aufwendige Transport von Öl oder Kohle in die abgelegenen Täler kann entfallen.

Beim Gasthof Neumayer endet der Achenweg, ab hier muß man für 5,5 Kilometer an die Landstraße, die zwar nicht sehr viel Verkehr, aber dafür einige Engstellen aufweist, die bei der Begegnung mit Lastwagen für Radler unangenehm sein können. Ein sanfter Anstieg führt abwechselnd an beiden Ufern der Großarler Ache Richtung *Hüttschlag*. Kurz nach dem Willkommensschild des Ferienortes biegt man links auf eine schmale Asphaltstraße ein, die den neuerbauten Tunnel umfährt und am Ufer der Ache bis zur Ortseinfahrt von Hüttschlag führt. Der direkte Weg zum Talschluß führt geradeaus unterhalb des Dorfes vorbei, ein Ausflug in die kleine ehemalige Bergbaugemeinde lohnt sich jedoch, hat sie doch eine interessante Geschichte zu erzählen.

Ein 200 Meter langer steiler Anstieg führt am Gasthof Almrösl vorbei zum **Gemein-**

Der flache Talschluß im Schödertal mit seinen zum Teil verlandeten Seen geht auf das Abschmelzen der Gletscher in der letzten Eiszeit zurück. Heute ein paradiesischer Rastplatz für Genußradler.

Idyllisch ist die Bachlandschaft am Eingang zum Nationalpark Hohe Tauern. Im Schödertal findet man diese moosbewachsenen Steine im Großarl-Bach.

deamt, wo auch die Tourist Information untergebracht ist. Hier gibt es kostenlos das kleine Büchlein »Auf den Spuren des Kupfergeistes«. Darin wird anschaulich die Geschichte des Bergbaues erzählt, der hier schon im 11. Jahrhundert begonnen hat. Das Erz wurde aus den hoch im Gebirge gelegenen Stollen mit sogenannten Sackzügen in die Schmelze im Ort befördert, das waren mit Erz gefüllte Felle und Schweinsbälge, mit denen die Bergleute wie auf einer Riesenrutschbahn zu Tale sausten. Ein Hund fuhr mit und zog anschließend die leeren Säcke wieder nach oben.

Weiter zum Talschluß des *Schödertales* radelt man vom Gemeindeamt noch ein Stück weiter bergauf unter der Kirche vorbei, dann nimmt man den unteren Weg Richtung *Kindergarten*. Links unten liegt die Landstraße, gegenüber sieht man mächtige Felswände. Bei der nächsten Gabelung fährt man den untersten Weg bergab und kommt zu einem Nachrangschild. Durch den Ortsteil Wolfau kommt man an die Landstraße zurück, der man geradeaus bis zu einem großen Parkplatz folgt. Hier befindet sich der neuerbaute Gasthof Talwirt und die Endstation der Postbuslinie.

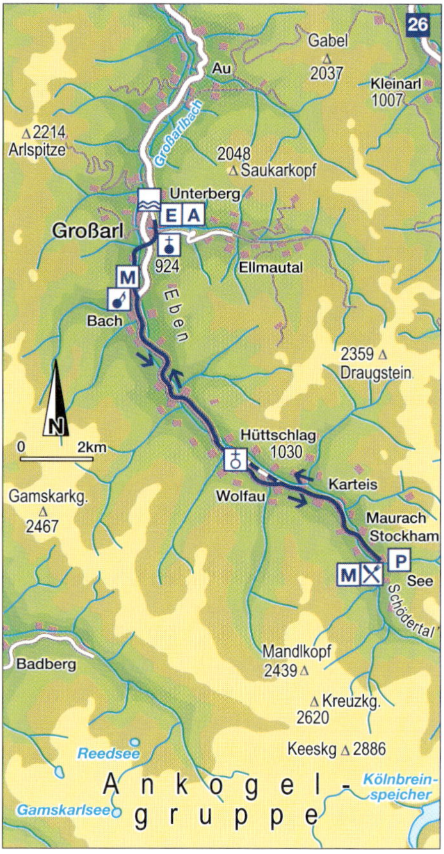

Beim Talwirt liegen viele interessante Bauwerke, die einen guten Einblick in das traditionelle Wirtschaften der Bergbauern bieten. Man sieht eine rekonstruierte Mühle, eine Schnapsbrennerei, einen Brotbackofen und eine Selchkammer. Daneben steht das **Bienen- und Obstbaumuseum Apimundia**, in dem sich auch eine Ausstellung ausgestopfter heimischer Vögel und Nagetiere befindet. Der **Talwirt** selbst beherbergt im ersten Stock eine kleine Nationalparkinformation, wo man neben vielen Fotos die größten im Großarltal gefundenen Bergkristalle bewundern kann. Beim Talwirt beginnt auch ein Biotoplehrweg am letzten Schilfbestandes an der Ache entlang zum Haussteingut (Gehzeit 30 Minuten). Ab hier ist der Weg verkehrsfrei, man folgt einem mit vielen interessanten Schautafeln ausgestatteten Lehrwanderweg in den Ortsteil **Stockham**. Bei einem hübschen alten Holzbauernhaus zweigt man rechts ab. Wer hier viele Kinder sieht, soll sich nicht wundern: Die Bauern des Großarltales sind stolz auf ihren Kinderreichtum, Familien mit zehn und mehr Kindern sind auch heute keine Seltenheit. Der Kiesweg führt links am *Stockham-Wasserfall* und an zwei Viehsperren vorbei in den Talschluß. Man kommt an der Ruine des aus dem 12. Jahrhundert stammenden Seegutes vorbei, über dessen Wiederinstandsetzung ein heftiger Streit zwischen Grundbesitzer und Behörde tobt. Der versumpfte **Talschluß** ist ein verlandeter See mit einer einzigartigen Flora, worunter sich auch der fleischfressende Sonnentau befindet. Besonders schön ist ein kurzer Spaziergang hinter den See, wo der Großarlbach durch üppig mit Moos bewachsene Felsen gluckst. Zurück radelt man auf derselben Route, wobei man die steile Auffahrt nach Hüttschlag aussparen kann.

Information
- Fremdenverkehrsverband A-5611 Großarl, ✆ 06414/281, Fax 8193.
- Fremdenverkehrsverband A-5612 Hüttschlag, ✆ 06417/204, Fax 204-75.

Fahrradverleih
- Großarl/Hüttschlag: Intersport Lackner, Unterberg 67, ✆ 06414/269, 8301 od. 294.

Fahrradreparatur
- Großarl/Hüttschlag: Intersport Lackner, Unterberg 67, ✆ 06414/269, 8301 od. 294.
- Großarl: Toyota Viehhauser, Nr. 171, ✆ 06414/262.

Übernachtungen unterwegs
- Großarl: Hotel Edelweiß****, Unterberg 83, ✆ 06414/300-0, Fax 300-66.
- Hotel Tauernhof****, Unterberg 85, ✆ 06414/264-0, Fax 264-55.
- Hüttschlag: Gasthof Pension Almrösl***, Nr. 80, ✆ 06417/214-0 od. 386-0, Fax 214-47.

Urlaub am Bauernhof:
- Großarl: Mayrhof, Fam. Kendlbacher, Bach 19, ✆ 06414/318, Fax 318-4.
- Rattersberghof, Fam. Laireiter, Unterberg 68, ✆ 06414/333, Fax 333-5.
- Hüttschlag: Oberkarteishof, Fam. Viehhauser, Karteis 15, ✆ 06417/228.

Einkehrmöglichkeiten
- Hüttschlag: Talwirt, ✆ 06417/444, Fax 444-18.
- Siehe auch Hotels und Gasthöfe unter Übernachtungen unterwegs.

Highlights
- Hüttschlag: Talmuseum in Stockham mit Nationalparkhaus (Information, Sonderausstellungen, täglich 10–ca. 22 Uhr geöffnet), Obstbau- und Bienenmuseum »Apimundia« (täglich 10–18 Uhr geöffnet), Schnapsbrennmuseum, Selche und Backofen, ✆ 06417/444, Fax 444-18.

Karten

Rad- und Mountainbikewege Pongau 1:50.000, erhältlich bei den Fremdenverkehrsverbänden.

27 Auf dem Murradweg durch den Lungau

Ausgangsort
Muhr.

Zielpunkt
Tamsweg.

Anreise/Abreise
PKW: Tauernautobahn, Abfahrt St. Michael im Lungau auf der Landesstraße bis Muhr bzw. auf der B 99 und B 96 bis Tamsweg. *Bahn:* Vom steirischen Unzmarkt (an der Südbahnstrecke Wien – Klagenfurt) zweigt die Murtalbahn nach Tamsweg ab. Von Tamsweg Postbus nach Muhr, Radmitnahme möglich. Lungauer Tälerbus bis zur Sticklerhütte.

Tourenlänge
29 km ab Muhr (42 km ab Sticklerhütte).

Steigung
Keine (außer Sticklerhütte).

Eignung für Kinder
Für Kinder ab 12 Jahren geeignet.

Günstigste Jahreszeit
Juni bis September.

Wegcharakter
Auffahrt Sticklerhütte auf geschotterter Forststraße, von Muhr/Arsenhütte bis Tamsweg asphaltierte, verkehrsarme Nebenstraßen.

Wegmarkierung
»Murradweg« auf grünen Tafeln.

Empfohlener Radtyp
Ab Muhr mit allen Fahrradtypen befahrbar (Auffahrt Sticklerhütte mit Mountainbike).

Besonderheiten
Wanderung zur Murquelle; Prangstangen in Muhr; Schloß Moosham; St. Leonhard-Kirche mit »goldenem Fenster«.

Kombination
Mit Tour 28.

Für diese Tour gibt es eine – allerdings relativ anstrengende – *Startvariante*: Statt im kleinen Ort Muhr loszuradeln, kann man zur 1752 Meter hoch gelegenen *Sticklerhütte* auffahren, eventuell dort übernachten und am nächsten Tag die Tour mit einer Wanderung zur Murquelle beginnen.
Für die Auffahrt gibt es zwei Möglichkeiten: Mit dem Fahrrad ab **Muhr** fährt man ständig bergauf, erst auf Asphalt bis Arsenhaus und Almdorf Moritzen, dann auf einer mit zunehmender Höhe immer steiler werdenden Schotterstraße. Man kann aber auch mit dem Lungauer Tälerbus zur **Sticklerhütte** fahren und die Räder mitnehmen (gilt nur für kleine Gruppen bis zu maximal sechs Rädern, Voranmeldung empfehlenswert, Information beim Fremdenverkehrsverband Muhr). Die Kleinbusse der Tälerbuslinien erschließen Hochtäler im Lungau, so auch den Weg zur Sticklerhütte, der für den privaten Autoverkehr gesperrt ist. Günstig ist die Anreise am Nachmittag, weil dann der Tälerbus Richtung bergauf meistens wenig besetzt ist, da er die Wanderer von oben ins Tal transportiert.
Nach einer Nacht in der gemütlichen Alpenvereinshütte sollte man am nächsten Morgen zu Fuß einen etwa zweistündigen Ausflug zur *Murquelle* machen. Über saftige Almwiesen steigt man sanft auf einem markierten Weg bis zu einer Stelle, wo links aus einem großen Felsen die Mur entspringt. Sie tut dies mit großer Gewalt und schüttet mehr als 5000 Liter kristallklares Gebirgswasser pro Sekunde. Eine kleine Kupfertafel markiert die Quelle vonÖsterreichs zweitgrößtem Fluß.
Ab Sticklerhütte radelt man teilweise steil bergab am *Almdorf Moritzen* vorbei und dann auf Asphalt zum **Arsenhaus**, dessen Namen noch an den hier früher angesiedelten Bergbau erinnert.

Weiter geht es dann auf einer wenig befahrenen Landstraße, meist bergab, vorbei an Wasserfällen und kleinen Stauseen in den Ortsteil Jedl und am *Murfall* vorbei. So erreicht man die **Nationalparkgemeinde Muhr**, in deren Kirche zwischen 29. Juni und 15. August die nur hier und im benachbarten Zederhaus heimischen **Prangstangen** aufgestellt sind. Für das Peter-und Paulsfest werden von den Einheimischen lange Stangen mit Blumen und Zweigen geschmückt und dann in einer Prozession durch den Ort und in die Kirche getragen. Dieser uralte Brauch hat sich nur in den beiden Lungauer Gemeinden Muhr und Zederhaus erhalten. Außerdem gibt es im Büro des Fremdenverkehrsverbandes eine Informationsstelle des Nationalparks Hohe Tauern, in dessen Schutzgebiet sich als einizge Lungauer Gemeinde Muhr befindet.
Nach Muhr radelt man weiter auf der verkehrsarmen Landstraße Richtung *St. Michael*. Nach 3 Kilometern kommt man im Ortsteil Hemerach an einer erfrischenden **Natur-Kneipp-Anlage** vorbei. Im Ortsteil Schellgaden, einem früheren Hüttendorf, biegt man rechts ab und quert ans rechte Murufer. Ein gut beschilderter, teilweise gekiester Weg führt in den Ortsteil Glashütte und dann links über die Murbrücke ins Zentrum von **St. Michael**.
Der größte Tourismusort im Lungau hat besonders bei sportlichen Radfahrern einen klingenden Namen. Hier findet alljährlich der **Samson-Radmarathon** statt, das schwierigste Langstreckenrennen für Freizeitradsportler. Eine 250 Kilometer lange Strecke mit 3500 Metern Höhenunterschied muß in maximal 12 Stunden gemeistert werden, was bis zu 2000 begeisterte Radler jedes Jahr auch schaffen.
Seinen Namen verdankt der Radmarathon der sagenhaften Riesenfigur **Samson**, die im Lungau beheimatet ist. In jedem Dorf gibt es eine 12 bis 15 Meter hohe Riesenfigur, die an kirchlichen Feiertagen durch den Ort getragen wird und an verschiedenen Plätzen zu einem Landler tanzt. Getragen werden die mächtigen Figuren jeweils von einem starken jungen Mann, der beim Umzug von zwei Zwergen begleitet wird. Der wahrscheinlich auf heidnische Ursprünge zurückgehende Brauch hat sich nur im Lungau und in zwei angrenzenden steirischen Gemeinden erhalten, trotz vielfältiger Deutungen liegt der wahre historische Hintergrund für diese eigenartigen Umzüge im dunklen.

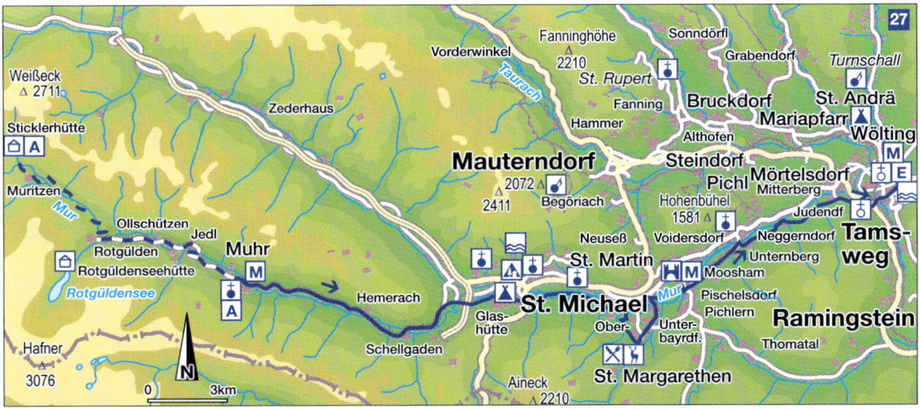

Der Radweg bei St. Michael im Lungau führt am Fuße des Katschbergs vorbei, der die Grenze zu Kärnten bildet.

In St. Michael gibt es mehrere gemütliche Wirtshäuser für eine Rast, eine große Jugendherberge und einen 18-Loch-Golfplatz.
Man verläßt St. Michael Richtung Osten, überquert die stark befahrene Katschberg-Bundesstraße und radelt dann auf teilweise geschotterten Nebenstraßen zu einer Brücke über die Mur. Weiter geht es am rechten Ufer am Golfplatz vorbei nach *St. Margarethen*. Links liegt auf einer Anhöhe *Schloß Moosham*, das mit einem recht unterhaltsamen Schloßführer besichtigt werden kann.
Die Radroute führt an St. Margarethen vorbei und wieder ans linke Murufer nach Pischelsdorf. Wieder wechselt man ans rechte Ufer und kommt über eine verkehrsarme Nebenstraße nach **Unternberg**. Im Ort hält man sich rechts, die Beschilderung hier weist sowohl auf den Murradweg als auch auf die Mitterbergrunde hin. Über Feldwege und einen kleinen Hügel kommt man nach *Neggerndorf* und fährt nun auf den in einem weiten Kessel liegenden Bezirkshauptort *Tamsweg* zu. Links hinter Tamsweg liegt der baumfreie Gebirgsrücken des **Preber**, eines schönen Skitourengebiets, an dessen Fuß der **Prebersee** liegt, der auch einen einizgartigen, alten Brauch aufzuweisen hat: Hier findet alljährlich das sogenannte Preberschießen statt, bei dem die Schützen auf das Spiegelbild der Zielscheibe im ruhigen Wasser des Sees zielen. Die Geschosse platten ab und treffen, ein gutes Auge vorausgesetzt, am anderen Ufer ins Schwarze. Auch zum Prebersee fährt der Tälerbus, ein Ausflug mit dem Fahrrad bleibt sportlichen Bergfreunden vorbehalten (9 Kilometer meist leicht bergauf ab Tamsweg).
Kurz bevor man *Tamsweg* erreicht, liegt links etwas oberhalb der Radroute das **St.-Leonhard-Kirchlein**, ein schlanker gotischer Bau mit einer faszinierenden Geschichte. Es handelt sich dabei um eine der wenigen vollständig in gotischem Stil erhaltenen Sakralbauten Salzburgs, dessen Baumeister so nach Vollkommenheit gestrebt haben soll, daß er dem Brauch entsprechend den Meistersprung vollzogen habe. In alten Zeiten meinten Kirchenbaumeister, sie könnten auf Gottes Schutz bei einem Sprung vom Kirchturm vertrauen, wenn sie den Bau untadelig und präzise ausgeführt hätten. Der Erbauer von St. Leonhard soll sich bei dem waghalsigen Sprung tatsächlich nur den Daumen gebrochen haben, sein Bildnis und Handwerkszeichen sind in der Kirche zu sehen. Die im Nachbarhaus wohnende

Mesnerin erklärt in blumiger Sprache gerne die Geschichte von St. Leonhard und zeigt auch das sogenannte »goldene Fenster«, eines der schönsten erhaltenen gotischen Glasfenster Österreichs.
Die Auffahrt nach St. Leonhard ist kurz, aber extrem steil. Es zahlt sich aus, das Rad den Berg hinauf zu schieben. Nach der Besichtigung fährt man vorsichtig ab, überquert die Bundesstraße und biegt links nach **Tamsweg** ein. Am schönen Marktplatz aus dem 16. Jahrhundert gibt es Gasthöfe und gleich dahinter das **Lungauer Heimatmuseum**. In Tamsweg endet die Murtalbahn, die auf Schmalspur von Unzmarkt an der Südbahnstrecke bis hierher verkehrt.
Der Murradweg folgt ab Tamsweg weiter der Mur, allerdings sind die nächsten 7 Kilometer nach *Ramingstein* ohne Radweg, und man muß auf der stark befahrenen Bundesstraße 95 radeln.

Information

- Fremdenverkehrsverband A-5583 Muhr, ✆/Fax 06479/335.
- Fremdenverkehrsverband A-5582 St. Michael, ✆ 06477/342-0, Fax 309.
- Fremdenverkehrsverband A-5582 St. Margarethen, ✆ 06476/290, Fax 527.
- Fremdenverkehrsverband A-5580 Unternberg, ✆ 06474/7666, Fax 6214-4.
- Fremdenverkehrsverband A-5580 Tamsweg, ✆ 06474/416, Fax 7434.

Fahrradverleih und Radreparatur

- Muhr: Gasthof Messnerwirt, Nr. 3, ✆/Fax 06479/215.
- St. Michael: Sport Friedrich, Marktstraße 3, ✆ 06477/246.
- Charly's Sportladen, Poststraße 408, ✆ 06477/7463.
- Tamsweg: Zweiradcenter Krug, Gartengasse 184, ✆ 06474/6780.

Übernachtungen unterwegs

- Muhr: Gasthof Messnerwirt, Nr. 3, ✆/Fax 06479/215.
- Stickerhütte, Österr. Alpenverein, ✆ 06479/349.
- St. Michael im Lungau: Hotel Eggerwirt****, ✆ 06477/224-0, Fax 224-55.
- Hotel Wastlwirt****, Nr. 13, ✆ 06477/7155-0, Fax 7156-60.
- Unternberg: Gasthof zur Post, Nr. 4, ✆/Fax 06474/6211.
- Tamsweg: Gasthof Knappenwirt***, Kirchengasse 91, ✆ 06474/369, Fax 369-120.

Urlaub am Bauernhof:

- St. Michael im Lungau: Blasiwirt***, Fam. Mayr, Fell 120, ✆ 06477/402, Fax 7690.
- St. Margarethen: Gasthof Löckerwirt, Fam. Löcker, Nr. 25, ✆/Fax 06476/212.
- Fritznhof, Fam. Sampl, Oberbayrdorf 13, ✆ 06476/214.
- Unternberg: Gasthof Schilcherwirt, Fam. Santner, Nr. 46, ✆ 06474/6222.

Camping

- St. Michael, ✆ 06477/276.
- Tamsweg: Wald Camping, ✆ 06474/385.

Jugendherberge: St. Michael, Herbergstraße 348, ✆ 06477/630, Fax 630-4.

Einkehrmöglichkeiten

Siehe Hotels und Gasthöfe unter Übernachtungen unterwegs.

Highlights

- Schloß Moosham, 1256 erwähnt, ehem. Landgericht für den Lungau, Schloßkapelle mit spätgotischem Flügelaltar, reiche Ausstattung, Volkskunde- und Volkskunstmuseum, Führungen Mai–September täglich 9–11 und 13–16 Uhr, Oktober täglich außer Montag 11, 13 und 14.30 Uhr, ✆ 06476/305.
- Tamsweg: Wallfahrtskirche St. Leonhard, 1421-33 aus Anlaß der Wiederauffindung einer mehrmals verschwundenen Leonhardsfigur errichtet, berühmte gotische Glasfenster, Führungen auf Anfrage, ✆ 06474/6870.

Karten

»Radeln im Lungau« 1:60.000, erhältlich bei allen Fremdenverkehrsverbänden.

28 Die Mitterbergrunde im Lungau

Ausgangsort
Tamsweg.

Zielpunkt
Wie Ausgangspunkt.

Anreise/Abreise
PKW: Tauernautobahn, Abfahrt St. Michael im Lungau auf der B 99 und B 96 bis Tamsweg.
Bahn: Vom steirischen Unzmarkt (an der Südbahnstrecke Wien – Klagenfurt) zweigt die Murtalbahn (Schmalspurstrecke) nach Tamsweg ab.

Tourenlänge
30 km.

Steigung
Wenige kurze Anstiege, kein nennenswerter Höhenunterschied.

Eignung für Kinder
Für Kinder ab 8 Jahren geeignet.

Günstigste Jahreszeit
Juni bis Mitte Oktober.

Wegcharakter
Abwechslungsreiche Route auf sehr verkehrsarmen Nebenstraßen oder Radwegen; kurze Abschnitte auf Kies, sonst asphaltiert.

Wegmarkierung
»Mitterbergrunde« auf grünen Tafeln.

Empfohlener Radtyp
Trekkingbike oder Tourenrad.

Besonderheiten
Burg Moosham; Kirche St. Leonhard bei Tamsweg; Wallfahrtskirche Mariapfarr; Burg Mauterndorf.

Kombination
Mit allen anderen Lungauer Routen (27, 29, 30).

Der Mitterberg ist ein bewaldeter Hügel mitten im Lungau, an seiner höchsten Stelle 1581 Meter hoch. Im Lungau liegen schon die Tallagen über 1000 Meter Seehöhe, die größeren Orte sind ringförmig um den Mitterberg angesiedelt. Jeder dieser Orte ist ein möglicher Ausgangspunkt für die Rundfahrt, wegen der kurzen Steigungen ist eine Befahrung gegen den Uhrzeigersinn empfehlenswert. Der Lungau ist insgesamt ein Radlerparadies, weil hier eine vergleichsweise sehr geringe Verkehrsdichte herrscht und daher so gut wie alle Nebenstraßen ausgesprochen radfreundlich sind.

Die einzige Möglichkeit, den Lungau per Bahn zu erreichen, ist die Schmalspurbahn im Murtal von Unzmarkt nach Tamsweg. Hier beginnt die Beschreibung: Vom Bahnhof Tamsweg radelt man zum historischen Marktplatz im Zentrum, wo das Rathaus mit dem **Heimatmuseum** steht, an dem man links vorbeifährt. Bei der ersten größeren Abzweigung biegt man rechts Richtung *Göriach* ein, dann geht es an der Abzweigung zum *Prebersee* vorbei und an der Taurachbahn in den Ortsteil Wölting. Die Schmalspurstrecke von Tamsweg über Mariapfarr nach Mauterndorf heißt *Taurachbahn* und ist leider stillgelegt. Sie wird allerdings von einem privaten Verein weiter erhalten und kann zu Ausflugsfahrten mit einem Nostalgiezug benützt werden.

In **Wölting** biegt man links nach *St. Andrä* ab, wo man beim Andlwirt wieder links einbiegt. Hier ginge es rechts nach Göriach und zum Hüttendorf, einem bei Schönwetter lohnenden Bikeausflug (siehe Route 30).

Die Route biegt links ab, rechts steht ein schön bemalter, gemauerter **Getreidekasten,** wie er für den Lungau typisch ist. Nur hier findet man im Salzburgischen gemauerte Speicher, Zeichen des Einflusses

italienischer Wanderarbeiter, die bis hierher kamen.
Vor dem Bahnübergang biegt man rechts auf den Radwanderweg nach *Lintsching* ein. Ab hier gilt auf den meisten Strecken der Mitterbergrunde bis Mauterndorf ein Fahrverbot für Autos, ausgenommen Fahrzeuge der Grundbesitzer. Entlang der Bahntrasse fährt man abwechselnd auf Kies und Asphalt immer geradeaus bis zu einer Nachrangtafel. Hier biegt man links ab und überquert die Bahntrasse. Dann biegt man rechts auf die *Taurachpromenade* ein.
Bald sieht man den Turm der Wallfahrtskirche von *Mariapfarr* und fährt am Bach entlang bis zu einer scharfen Rechtskurve und wieder über die Bahn. Hier kann man wählen: Ein Abkürzer geht links weiter an der Taurach nach Pichl und flach weiter nach Mauterndorf. Schöner ist die Route rechts, die 500 Meter lang bergauf in den kleinen Ort **Mariapfarr** führt. Man biegt nach einer langgezogenen Linkskurve in die Taurachstraße links ein und kommt durch ein Wohngebiet zur Einmündung in die Pfarrstraße, die wieder links ins Zentrum führt.
Am Ortsanfang steht links ein gelbes Haus mit der Tourist Information. Davor steht eine große Glocke, Geschenk der katalonischen Partnergemeinde Matadepera. Die Partnerschaft geht auf das Brauchtum zurück, denn auch die Katalonen tragen zu Prozessionen traditionelle Riesenfiguren herum, ähnlich der im Lungau heimischen Figur des Samson (siehe auch Route 27). Die Mariapfarrer sind stolz darauf, daß ihr Samson der größte aller Lungauer Riesen ist.

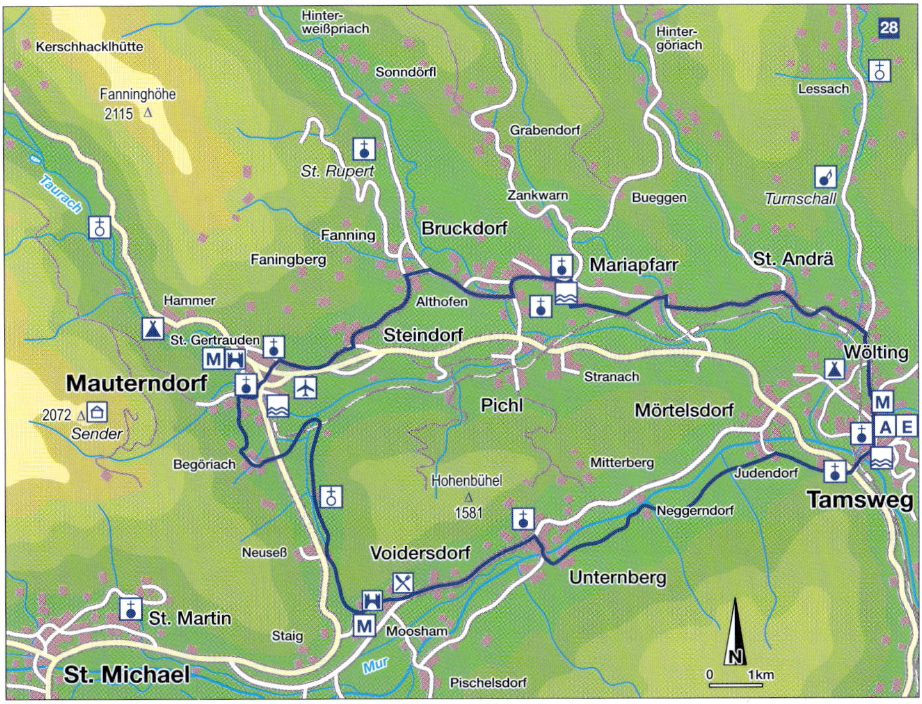

Die Kirche St. Leonhard bei Tamsweg ist ein Beispiel vollendeter gotischer Baukunst. Das »goldene Fenster« gehört zu den schönsten Glasfenstern Österreichs.

Die Route folgt dem Einbahnsystem rechts um die **Wallfahrtskirche,** führt am Lagerhaus vorbei und an die westliche Ortsausfahrt. Die gemütlichen Gasthöfe im Ort, Thomalwirt und Örglwirt, liegen an der anderen Seite der Kirche. An der Ausfahrt nimmt man die steil bergab führende Straße, rechts zweigt ein schmaler Weg zum *Häuserl im Wald* ab (Ausgangspunkt der Route 29). Am Ende der steilen Abfahrt biegt man rechts nach Bruckdorf ein, fährt im Ort über die Brücke und am Gasthof Landschützer vorbei zu einer Nachrangtafel. Hier biegt man rechts Richtung *Fanning* ein und nimmt dann die erste Abzweigung nach links. Durch den Ortsteil Seitling-Fanning kommt man an eine kleine Kreuzung, wo man links nach *Steindorf* abbiegt. Es folgt ein kurzer Anstieg und danach die Abfahrt in den Ortsteil Steindorf, wo man rechts auf einen Radweg nach *Mauterndorf* abbiegt.

Jetzt sieht man geradeaus vor sich das *Großeck* mit der Antenne am Gipfel, links unten liegt der Segelflugplatz von Mauterndorf. Bald sieht man auch die *Burg Mauterndorf* und kommt in den Ortsteil St. Gertrauden mit einer romanischen Kirche und dem **»Friedhof der unschuldigen Kinder«.** In der kleinen Kirche gibt es eine bemalte gotische Holzdecke.
Geradeaus fährt man durch den kleinen Ort, bis man bei der Nachrangstraße scharf links einbiegt. Jetzt geht es bergab und unter der Umfahrungsstraße durch direkt zur Burg Mauterndorf, in der auch das **Lungauer Landschaftsmuseum** untergebracht ist. Hier gibt es eine gemütliche Burgschenke und häufig Kulturveranstaltungen im Theatersaal.
Besonders schön ist die Durchfahrt durch den alten Ortskern von Mauterndorf, das schon während der Römerzeit ein wichtiger Stützpunkt an der alten Römerstraße über den Radstädter Tauern war. Erst kommt man über die 160 Jahre alte *Fleischbrücke* und sollte einen Blick auf das uralte Holzhaus rechts an der Brücke werfen. Hier war früher ein Wochenmarkt, wo Fleisch gehandelt wurde. Dann kommt man an den alten Bürgerhäusern vorbei, deren im Alpenraum einzigartige Treppengiebel die Häuser größer erscheinen lassen sollten, als sie waren.
Man fährt rechts an der Kirche vorbei und kommt zum **Mesnerhaus**, das seit seiner Renovierung als Gourmetrestaurant weit über den Lungau hinaus bekannt wurde. Hier biegt man links Richtung Haus Helga ein und folgt der kleinen Straße, die Richtung Süden aus dem Ort hinausführt. Bald geht sie in einen Feldweg über und scheint an einer Wiese zu enden. Die Radroute führt jedoch schräg rechts über diese Wiese, quert die Trasse des kleinen Skilifts und biegt dann gleich links in einen schmalen Weg ein, der an Büschen

entlang bis zu einer kleinen Kapelle und einem Wegkreuz führt. Hier kommt man wieder auf eine kleine Asphaltstraße in den Ortsteil Begöriach, wo man links abbiegt und bergab auf die Bundesstraße 99 zurollt. Die Wegweisung wird hier voraussichtlich 1997 geändert, wenn der Radweg an der B 99 Richtung St. Michael fertiggestellt ist. Derzeit quert die Mitterbergrunde hier die B 99 und führt am Hackschnitzelheizkraftwerk vorbei, dann zweimal über die Trasse der Taurachbahn und schließlich auf einen Feldweg, der bei *Neuseß* in eine Forststraße mit einem recht steilen Anstieg nach Moosham führt.

Variante: Nach Fertigstellung des neuen Radweges biegt man bei Begöriach links in die B 99 ein, an deren linker Seite der Radweg verläuft. So kommt man flach in den Ortsteil Neuseß und bleibt an der Bundesstraße bis zur Abzweigung nach Moosham. Die Straße führt rechts unter der B 99 durch und führt bergab zum **Schloß Moosham**, das bald rechts auftaucht. Die weitläufige Ritterburg kann besichtigt werden und beherbergt auch eine Schloßschenke mit Gastgarten im Burghof.

Weiter führt die Abfahrt an die Landstraße nach *Unterberg,* auf die man vorsichtig links einbiegt (eine längere Variante führt rechts über St. Margarethen). Nach zwei Kilometern erreicht man Unterberg und biegt beim Kirchenwirt rechts ein Richtung *Murtour*. Beim Schilcherwirt biegt man rechts und dann bei der nächsten Kreuzung scharf links ab. Hier verlaufen Mitterbergrunde und Murradweg auf derselben Route und sind auch gemeinsam beschildert.

Man wechselt ans rechte Murufer und folgt einem geschotterten Güterweg nach Neggerndorf. Vor der Murbrücke bleibt man rechts und kommt dann nach kurzer Fahrt auf eine schmale Asphaltstraße. Bald sieht man Tamsweg und rechts oberhalb die **St.-Leonhard-Kirche** (siehe Route 27). Entweder biegt man dann über die Brücke links ab zurück an die Ortseinfahrt von Tamsweg oder man besucht noch nach kurzem, steilen Anstieg die sehenswerte kleine gotische Kirche.

»Troadkasten« nennt man die Getreidespeicher, die nur im Lungau aus Stein gemauert und bunt bemalt sind.

29 Zur Ulnhütte im Weißpriachtal

Information
• Fremdenverkehrsverband A-5580 Tamsweg, ✆ 06474/416, Fax 7434.
• Fremdenverkehrsverband A-5580 St. Andrä, ✆ 06474/2283-72, Fax 2283-75.
• Fremdenverkehrsverband A-5571 Mariapfarr, ✆ 06473/8278, Fax 7347.
• Fremdenverkehrsverband A-5570 Mauterndorf, ✆ 06472/7279, Fax 7657.
• Fremdenverkehrsverband A-5580 Unternberg, ✆ 06474/7666, Fax 6214.

Fahrradverleih und Reparatur
• Tamsweg, Unternberg: siehe Tour 27.
• Mariapfarr: Sport Pichler, Bruckdorf 113, ✆ 06473/8206.
• Mauterndorf: Hike & Bike, Harald Ernst, Marktplatz 53, ✆ 06472/7363, Fax 7745.

Übernachtungen unterwegs
• Tamsweg, Unternberg: siehe Tour 27.
• St. Andrä: Andlwirt, Nr. 21, ✆ 06474/2355.
• Mariapfarr: Hotel Thomalwirt***, Pfarrstraße 15, ✆ 06473/8204, Fax 8204-78.
• Gasthof Post Örglwirt***, Pfarrstraße 18, ✆ 06473/8207, Fax 8207-22.
• Gasthof Pension Häuserl im Wald***, Niederrain 140, ✆ 06473/8288, Fax 8288-8.
• Mauterndorf: Vital Hotel Elisabeth, Markt 274, ✆ 06472/7365.
• Pension Cafe Waldheim, Nr. 243, ✆ 06472/7401.

Highlights
• Tamsweg, Unternberg/Moosham: siehe Tour 27.
• Mariapfarr: Wallfahrts- und Pfarrkirche aus dem Jahre 1446, gotisch, romanische und gotische Fresken, neugotischer Hochaltar mit originalen Flügeltafeln, Madonna mit Kind (um 1400), Führungen auf Anfrage, ✆ 06473/8278.
• Burg Mauterndorf aus dem Jahre 1253, 14./15. Jh. erweitert, schöne Kapelle mit Fresken und Flügelaltar, mit Lungauer Landschaftsmuseum, Führungen Ende Mai–Mitte September täglich 10, 11, 14 und 15 Uhr, ✆ 06472/7426 u. 7393.

Karten
»Radeln im Lungau« 1:60.000, erhältlich bei allen Fremdenverkehrsverbänden.

Ausgangsort
Mariapfarr.

Zielpunkt
Wie Ausgangspunkt.

Anreise/Abreise
PKW: Tauernautobahn, Abfahrt St. Michael im Lungau B 99 oder direkt über den Radstädter Tauern bis Mauterndorf, von hier bis Mariapfarr.
Bahn: Vom steirischen Unzmarkt (an der Südbahnstrecke Wien – Klagenfurt) zweigt die Murtalbahn (Schmalspurstrecke) nach Tamsweg ab. Von Tamsweg Fahrt mit dem Postbus weiter nach Mariapfarr möglich.

Tourenlänge
32 km ab Mariapfarr, 36 km ab Mauterndorf.

Steigung
6 km bergauf mit einigen steilen Abschnitten.

Eignung für Kinder
Für Kinder ab 10 Jahren geeignet.

Günstigste Jahreszeit
Juni bis September.

Wegcharakter
Wenig befahrene Nebenstraßen bis Weißpriach, geschotterte Almerschließungsstraße bis Ulnhütte.

Wegmarkierung
Keine.

Empfohlener Radtyp
Trekking- oder Mountainbike.

Besonderheiten
Landschaftlich besonders schönes Almgebiet; kühler »Badestrand« an den Mäandern des Weißpriachbaches; urige Atmosphäre auf der Ulnhütte.

Dieser Ausflug beginnt in **Mariapfarr** im Lungau, dem sonnenreichsten Ort Österreichs. Man verläßt den kleinen Ort in westlicher Richtung und biegt and der Ortsausfahrt, noch bevor es bergab geht, rechts auf eine Nebenstraße Richtung *Häuserl im Wald* ab. Der Kiesweg führt leicht bergauf zu einer Asphaltstraße, in die man links einbiegt. Jetzt kommt man bei der romantisch gelegenen Pension Häuserl im Wald vorbei. Wer rasten will, findet hier eine gemütliche Terrasse mit schöner Aussicht über das Tal.

Die wenig befahrene Straße führt für 1,5 Kilometer bergab an Himbeergestrüpp vorbei ins *Weißpriachtal*, wo man im Ortsteil Bruggarn rechts in die Landstraße einbiegt. Diese führt flach am Weißpriach-Bach entlang, der hier malerisch durch die Wiesen mäandert. Es gibt eine Reihe kleiner Sandbänke, wo man an heißen Tagen recht schön baden kann, wenn auch das Wasser des Gebirgsbaches nie wirklich warm genug für einen längeren Aufenthalt wird. Rechts oben liegt *Sonndörfl,* die Straße mit mäßigem Ausflugsverkehr führt in den kleinen Ort Weißpriach und weiter in das enger werdende Tal.

Nach Hinterweißpriach kommt man am prächtigen **Forsthaus Grankler** vorbei, kurz danach endet die Asphaltstraße, und eine teilweise recht holprige Schotterstraße führt bergauf durch den Wald. Es folgen einige kurze, aber teils recht steile Anstiege, bis man über die Lahnbrücke fährt und ein flaches Hochtal erreicht.

Links dümpelt die Weißpriach in unglaublich schönen grünblauen Farben dahin, der kristallklare Gebirgsbach ist hier flach und breit mit Sandablagerungen an beiden Ufern. Hier gibt es malerische Plätze zum Rasten oder Picknicken, man kann auch seine Beine in das erfrischend kalte Wasser baumeln lassen. An vielen Stellen

Fernab jeglicher Touristenströme liegt das malerische Weißpriachtal.

ist der Bach so seicht, daß man ans andere Ufer waten kann.

Die Schotterstraße führt kurvig, aber kaum mehr bergauf weiter ins Tal links zum einem Parkplatz, wo auch die letzten Autofahrer (endlich) ihr Fahrzeug abstellen müssen. Das letzte Stück Weg steigt wieder sanft an und führt zu einer urigen Almhütte. Die **Ulnhütte** ist ein in der Saison sehr beliebtes Ausflugsziel und für typische Hausmannskost bekannt. Ein kleiner Gastgarten direkt am plätschernden Bach lädt ein, hier Kasnock'n oder Kaiserschmarrn zu probieren. Oft sieht man auch Rotwild und Gemsen an den steilen Hängen der *Lungauer Kalkspitzen*.

Die Rückfahrt erfolgt auf der gleichen Route. Vorsicht: steile Abfahrt!

Als *Variante* kann man auch statt nach Mariapfarr nach *Mauterndorf* zurückkehren. Dazu biegt man in Bruggarn nicht links ab, sondern bleibt auf der Landstraße und fährt kurz danach rechts in den Ortsteil Fanning. Auf einer schmalen Asphaltstraße geht es durch Seitling und geradeaus über einen kleinen Hügel nach Steindorf. Im Ort hält man sich links und radelt durch die Unterführung unter der

29 Zur Ulnhütte im Weißpriachtal

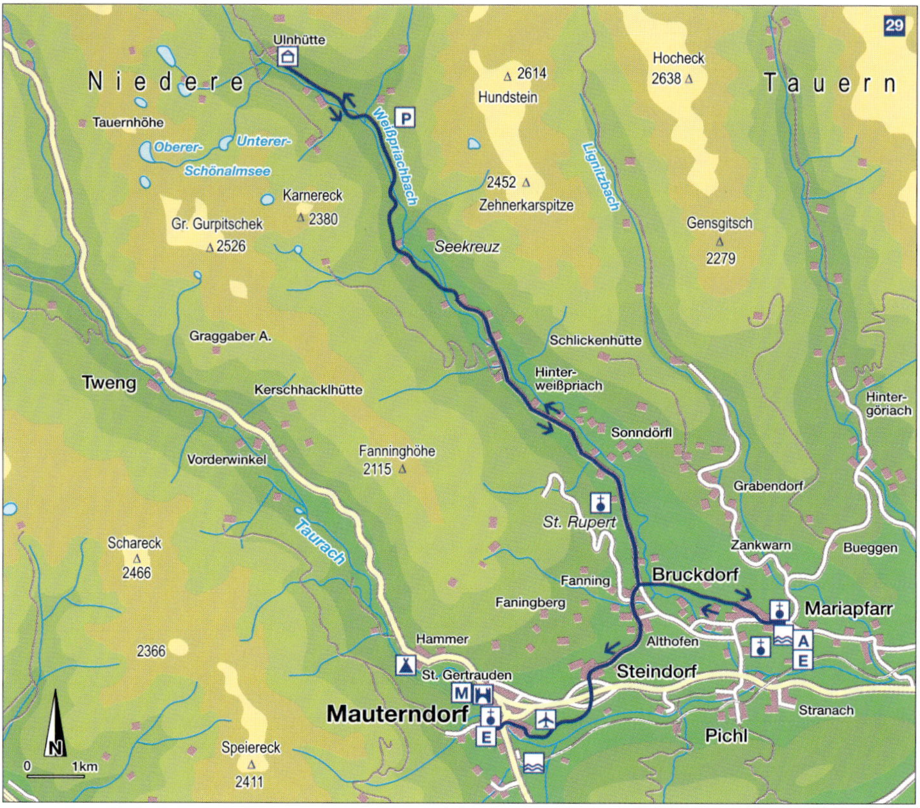

Bundesstraße durch und weiter, bis man rechts auf einen Feldweg Richtung *Flugplatz Mauterndorf* abbiegen kann. Über Wiesen geht es nun holprig oberhalb des Segelfluplatzes vorbei (schöne Aussicht auf startende und landende Flugzeuge) zum Hotel Elisabeth und weiter ins Zentrum von Mauterndorf.

Information
- Fremdenverkehrsverband A-5571 Mariapfarr, © 06473/8278, Fax 7347.
- Fremdenverkehrsverband A-5571 Weißpriach, © 06473/7071.

Fahrradverleih
- Mariapfarr: siehe Tour 28.

Übernachtungen unterwegs
- Mariapfarr: siehe Tour 28.
- Weißpriach: Pension Gruber, Nr. 13, © 06473/7013.
- Ulnhütte, Fam. Bergmann, © 06473/7310.

Urlaub am Bauernhof:
- Mariapfarr: siehe Tour 28.

Einkehrmöglichkeiten
- Ulnhütte, Fam. Bergmann, © 06473/7310.

Karten
»Radeln im Lungau« 1:60.000, erhältlich bei den Fremdenverkehrsverbänden.

30 Biketour zum Göriacher Hüttendorf

Ausgangsort
St. Andrä im Lungau

Zielpunkt
Wie Ausgangspunkt.

Anreise/Abreise
PKW: Von der Tauernautobahn (im Lungau Mautstrecke!) , Abfahrt St. Michael im Lungau auf der B 99 oder direkt über den Radstädter Tauern bis Mauterndorf, von hier über Mariapfarr nach St. Andrä.
Bahn: Vom steirischen Unzmarkt (an der Südbahnstrecke Wien – Klagenfurt) zweigt die Murtalbahn (Schmalspurstrecke) nach Tamsweg ab. Von Tamsweg Fahrt mit dem Postbus weiter nach St. Andrä möglich.

Tourenlänge
24 km.

Steigung
400 Höhenmeter, gleichmäßiger Anstieg.

Eignung für Kinder
Für Kinder ab 12 Jahren geeignet.

Günstigste Jahreszeit
Juli bis September.

Wegcharakter
Wenig befahrene Asphaltstraße bis Hintergöriach, dann geschotterte Almstraße.

Wegmarkierung
Keine.

Empfohlener Radtyp
Mountainbike.

Besonderheiten
Landschaftlich schöne Auffahrt in die Almregion; Almdorf mit fast zwanzig kleinen Hütten.

Kombination
Mit Route 28.

Ausgangspunkt dieser sportlichen Biketour ist der Gasthof Andlwirt in **St. Andrä**, an dem man auf der Mitterbergrunde vorbeikommt. Von hier nimmt man die wenig befahrene Landstraße nach *Göriach,* die am Göriach-Bach entlang stetig, aber nie sehr steil bergauf führt. Bei einer Abzweigung bleibt man geradeaus Richtung *Hintergöriach*, rechts liegt der Ortsteil Vordergöriach.
Kurz geht es jetzt etwas steiler bergauf. Beim Gasthof Lacknerhof mit einem schönen Gastgarten wechselt man ans linke Ufer und hält auf Hintergöriach zu. Bei der Nachrangstraße biegt man links Richtung *Landwierseehütte* ein, man kommt am gemütlichen Gasthof Bauer vorbei und fährt auf eine kleine Kuppe, von der man einen prächtigen Blick in das idyllische Tal hat. Der hohe Berg im Hintergrund ist der 2863 Meter hohe *Hochgol-*

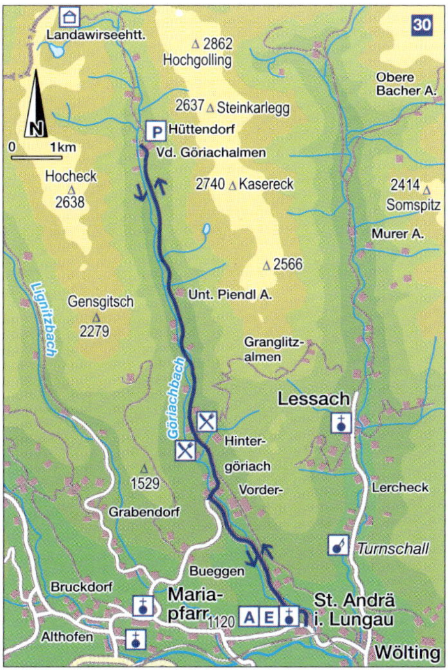

ling, einer der höchsten Gipfel in den Niederen Tauern.
Nun beginnt das *Landschaftsschutzgebiet Niedere Tauern*. Die schmale Straße führt an Vogelbeersträuchern vorbei und geht in einen Schotterweg über. Links und rechts sind bereits die ersten Almen – Niederalmen aus Sicht der höhenverwöhnten Lungauer. Der Weg steigt stetig, aber nie besonders steil an und führt am träge mäandernden Bach entlang.
Dann kommt man zu einem Parkplatz, wo auch der Lungauer Tälerbus wendet. 300 Meter weiter sieht man bereits die fast zwanzig kleinen Holzhäuschen des **Göriacher Hüttendorfes**, die hier auf engem Raum im Talgrund stehen. Die Hansalhütte ist als Jausenstation bewirtschaftet. Die Rückfahrt erfolgt bergab auf derselben Strecke.

Information
• Fremdenverkehrsverband A-5580 St. Andrä, ✆ 06474/2283-72, Fax 2283-75.
• Fremdenverkehrsverband A-5571 Göriach, ✆/Fax 06483/247.

Fahrradverleih und Reparatur
• Göriach: Gasthof Bauer, ✆ 06483/225, Fax 286.

Übernachtungen unterwegs
• St. Andrä: siehe Tour 28.
• Göriach: Gasthof Lacknerhof, ✆ 06483/226.
• Gasthof Bauer, ✆ 06483/225, Fax 286.

Urlaub am Bauernhof:
• Göriach: Bramlhof, Fam. Bauer, Nr. 35, ✆ 06483/207.
• Hintergruberhof, Fam. Perner, Nr. 34, ✆ 06483/227.

Einkehrmöglichkeiten
Siehe Hotels und Gasthöfe unter Übernachtungen unterwegs.

Karten
»Radeln im Lungau« 1:60.000, erhältlich bei den Fremdenverkehrsverbänden.

Das Göriacher Hüttendorf liegt gut 1400 Meter hoch. In dem engen Tal haben sich die Bauern entschlossen, ihre kleinen Almhütten dicht nebeneinander zu errichten.

Informationen für Radwanderer

Die richtige Vorbereitung
Die beste Vorbereitung fürs Radfahren ist Radfahren. Wer unangenehme Überraschungen bei einer längeren Radtour vermeiden will, sollte bereits vor dem Urlaub regelmäßig kleinere Ausfahrten unternommen haben, damit dann nicht das Kreuz schmerzt oder zu wenig Sitzfleisch vorhanden ist. Dabei gilt speziell am Saisonanfang: leicht strampeln, keine anstrengenden Strecken bezwingen sondern ganz locker und spielerisch die ersten 100 bis 200 km verteilt auf kurze Strecken abspulen.

An- und Abreise
Die Routen sind meist so beschrieben, daß An- und Abreise mit öffentlichen Verkehrsmitteln möglich sind. Bahn (ausgenommen etliche Eurocity-Züge) und Postbus offerieren auf sehr vielen Linien im Salzburger Land Fahrradmitnahme gegen Gebühr.

Das richtige Fahrrad
Für die meisten Touren ideal sind sogenannte Trekking-Bikes, moderne Tourenräder mit mittelschmalen Reifen und einer Schaltung mit bis zu 21 Gängen. Mountain-Bikes mit dicken Stollenreifen und jeder Menge von chicem Zubehör sind nur bei Touren in der Almregion empfehlenswert. Sie haben einen erheblich größeren Rollwiderstand und sind daher auf Asphalt eher hinderlich. Rennräder sind bei vielen Touren eine sportliche Alternative.

Fahrradverleih
In praktisch allen Orten des Salzburger Landes gibt es Verleihstellen für Fahrräder. Dazu kommt das System *rent-a-bike* auf vielen Bahnhöfen. Generell werden City- oder Trekking-Bikes mit 7- oder 21-Gang-Schaltung angeboten.Fahrradenthusiasten werden trotzdem lieber das eigene Rad mitnehmen, weil dann Rahmengröße, Sattelstellung und Sitzposition optimal stimmen.

Verkehrsregeln u. gesetzliche Bestimmungen
Langsam beginnt man auch in der Straßenverkehrsordnung, die Diskriminierung der Radfahrer als Verkehrsteilnehmer zweiter Klasse etwas abzubauen. Sichtbarstes Zeichen ist die Aufhebung der Einbahnregel für Radfahrer auf vielen Straßen in Österreich. Diese müssen aber durch eine Zusatztafel »ausgenommen Radfahrer« unter dem Einbahnschild besonders gekennzeichnet sein. Achtung: Nicht alle Autofahrer haben's bereits kapiert, daß Radfahrer etwas dürfen, was ihnen verwehrt ist!
Regelung für die Ausstattung der Fahrräder:
Grundsätzlich müssen alle Fahrräder über zwei unabhängige Bremssysteme, Beleuchtung vorne und hinten, ein akustisches Warnzeichen (Klingel) und Rückstrahler rückwärts und an den Rädern seitwärts verfügen. Ausnahme: Rennräder, die keine Beleuchtung und keine Rückstrahler brauchen, allerdings nur bei guten Sichtverhältnissen fahren dürfen. Diese Ausnahme gilt (noch) nicht für Mountain-Bikes, obwohl diese auch oft auf diesen »Ballast« verzichten. Eine Änderung wird angestrebt. In Österreich ist, anders als in Deutschland, der Schweiz oder Südtirol, das Radfahren auf Forststraßen verboten. Einige wenige hundert Kilometer wurden von den Grundbesitzer gegen Einhebung einer Pacht freigegeben und sind gekennzeichnet. In diesem Buch beschriebene Routen umfassen nur Strecken, die nicht unter das Fahrverbot fallen oder vom Grundbesitzer freigegeben wurden.

Fahrradfreundliche Hotels und Pensionen
Mehr als 400 Beherbergungsbetriebe im Salzburger Land haben eine Verpflichtungserklärung unterschrieben, die sie als besonders fahrradfreundliche Betriebe ausweist. Dafür dürfen sie die von der Salzburger Land Tourismusgesellschaft vergebene blau-grün-weiße Fahne mit dem Text »Radfahrer willkommen« führen. Diese Betriebe garantieren unter anderem einen versperrbaren Abstellraum für Fahrräder, Radständer vor dem Haus, radfahrerfreundliche Verpflegung, Unterbringung von Tourenfahrern auch nur für eine Nacht und Hilfe bei kleinen Pannen und Reparaturen. Sie geben auch Auskunft über das Radwegenetz in ihrer Region.

Kinder auf dem Fahrrad
Viele Touren in diesem Büchlein sind auch für Kinder ab 7 - 8 Jahren durchwegs geeignet. Entscheidender als das Alter ist allerdings die Körpergröße. Wenn das Kind in der Lage ist, ein Rad mit 26-Zoll-Reifen zu fahren, wird es keine großen Probleme bei den empfohlenen Strecken haben. Kleinere Kinder, die mit Juniorrädern oder gar Kinderfahrrädern unterwegs sind, tun sich ungleich schwerer und sollten keinesfalls zu größeren Etappen »verführt« werden. In der Regel haben Kinder eine sportliche Grundausdauer, die es ihnen durchaus ermöglicht, 40 bis 70 Kilometer pro Tag mit Erwachsenen mitzuradeln. Sie werden dabei aber meist nicht von sportlichem Ehrgeiz getrieben sonder mehr vom Erlbeniswert der Ausfahrt. Abwechslungsreiche Strecken mit viel Sehenswertem unterwegs sowie häufige kurze Rasten sind ein gutes Erfolgskonzept. Kinder ermüden schneller als Erwachsene, brauchen aber auch nur relativ kurze Erholungspausen, bis sie wieder weiterkönnen. Kinder sollten bei Radtouren von allem nicht unbedingt benötigtem Gewicht befreit werden. Jedes halbe Kilogramm spürt ein Kind am Fahrrad doppelt. Daher: leichte Räder, leichte Kleidung und kein Gepäck am Kinderrad! Besonders kinderfreundliche Touren sind mit dem Symbol KINDERSYMBOL gekennzeichnet.

Zusätzliche Informationen
Die Salzburger Land Tourismusgesellschaft versendet eine Fülle von speziellem Informationsmaterial für Fahrradtouristen.
Adresse: Postfach 1, A-5300 Hallwang bei Salzburg, Telefon: 0662/6688, Fax: 0662/668866.

Kartensymbole

- Tourennummer
- Anfangspunkt
- Endpunkt
- Kirche
- Schloß
- Bademöglichkeiten
- Museum
- Spezieller Tierbestand
- Ruine
- Kloster
- Kapelle
- Parkplatz
- Aussichtspunkt
- Campingplatz
- Bahnhof
- Gipfel
- Aussichtstur,m
- Kirchenruine
- Klosterruine
- Jugendherberge

Ortsregister